丁永培 에세이集

마지막으로 세상에 띄우는 글

삶 속에 흐르는 생명의 소리

丁永培 에세이集

마지막으로 세상에 띄우는 글

삶 속에 흐르는 생명의 소리

玉不琢 不成器

(옥불탁 불성기)

人不學 不知義

(인불학 부지의)

옥은 다듬지 않으면 그릇이 되지 못하고,

사람은 배우지 않으면 의를 알지 못한다.

전남대학교출판부

傷人之語
(상 인 지 어)
還是自傷
(환 시 자 상)

남을 상하게 하는 말은
도리어 나를 상하게 한다.

忍一時之忿
(인 일 시 지 분)
免百日之憂
(면 백 일 지 우)

한 때의 분을 참으면
백일의 근심을 면한다.

서언

막 외출하려던 참에 전화가 걸려왔다. 친구가 아니면 지인이겠지 하며 전화를 받아보니, 생면부지(生面不知)의 사람이었다.

내가 쓴 책을 읽고 전화하는 것이라고 했다. 책을 쓴 저자가 어떤 사람인지 목소리라도 들어보려고 전화하는 것이라고 했다. 참 무거운 책이고 잘 읽었노라고 했다.

책에서 느낀 바로는 나이가 꽤 많이 드신 분으로 여겨졌지만, 목소리를 들어보니, 훨씬 더 건강하고 젊게 느껴진다고 했다. 80이 넘으셨냐고 하기에 그렇다고 했다. 요즘은 어떻게 지내시느냐고 하기에, 마지막 책의 탈고(脫稿)를 거의 끝냈노라고 했다. 어디서 사시느냐고 물었더니 강원도에서 산다고 했다. 목소리로는 50대 중, 후반의 젊은 남자처럼 느껴졌다.

나는 책을 낼 때 100여 권 정도를 내서, 친구들이나 지인들에게 나누어 주며 읽게 한다. 책을 팔아 한몫 챙기려고 내는 것은 결코 아니다. 내 책이 그런 수준의 책도 아니어서, 허욕을 부렸다간 말년에 쪽박을 차는 신세가 될 수도 있기 때문이다. 발행 부수가 워낙 적은지라 출판사에서도 나를 그렇게 달가워하지 않는다.

그런데 쥐구멍에도 볕들 날이 있다더니, 나에게도 그런 날이 찾아왔다. 문화 사업의 일환으로 정부의 한 기관에서 내 책을 선정하여 전국의 각 도서관에 배포하였다. 해마다 그 사업이 계속되다 보니, 수차례에 걸쳐 그런 영광을 누리게 되었다. 그러다 보니 강원도에 사시는 분이 내 애독자가 되기도 했다. 나에게는 아직도 속물근성(俗物根性)이 남아 있어서 몇 차례 내 자랑을 좀 했으니 양해하기 바란다. 출간 부수가 늘어나니, 출판사의 나에 대한 대우도 전과는 많이 달라졌다.

책의 제목을 "삶 속에 흐르는 생명의 소리"로 하였다. 이 제목으로 다음 책을 쓰겠노라고 독자들에게 이미 약속을 했기 때문이다. 이런 제하(題下)의 글을 쓸 터이니 기대하라고까지 했다. 한참을 잊고 살다가 요즘에야 그 약속이 생각이 나서 이번에 이런 제목의 책을 쓰게 되었다. 써놓고 보니 졸문(拙文)이어서 자괴감(自愧感)을 금할 수가 없다.

이런 글이라도 계속 쓰면 좋으련만, 요즘에는 체력이 달려 한계성을 느낀다. 삼지(三知)라는 말이 있다. 첫째가 지족(知足)이고, 둘째가 지분(知分)이고 셋째가 지지(知止)이다. 만족할 줄을 알고, 분수를 알고, 그쳐야 할 때 그칠 줄을 알아야 한다는 뜻이다. 나에게 그쳐야 할 때가 온 것이다. 그간 써오던 글을 그만두려 하니, 서운한 마음이 크지만, 그래도 어찌 하겠는가. 세상 모든 일은 시작할 때가 있고, 끝날 때가 있는 것이 아닌가.

앞으로 어떻게 살겠느냐는 질문을 지인들로부터 가끔 받는다. 내 황혼녘에 이른 지 오래지만, 아무리 그래도 사이후이(死而後已)라는 말로 내 대답을 삼고자 한다. 죽은 뒤에야 세상 모든 일을 그만 둔다는 뜻이다. 마지막 한 순간까지 "노병은 죽지 않고 사라질 뿐"이라는 어느 노병의 명언을 늘 상기하며 살고자 한다.

사람이 늙으면 힘이 부치고, 힘이 부치면 하던 일을 그만두고 인생의 뒤안길로 사라진다. 아직 힘이 있는데도 편하기만을 구하면, 살아 있으되 죽은 것이나 다름이 없다. 때가 되어 사라지는 것이야 어쩔 수 없는 일이지만, 이웃이나 조국을 위해 할 일이 있으면 하다가 가겠노라는 그 노병의 말은 귀감삼아 마땅한 일이다.

용의 몸뚱이만 그려놓고 눈을 그리지 않고 놔두면, 그 그림은 생명이 없는 미완(未完)의 그림이 된다. 마지막으로 그 용에게 눈을 그려 넣었더니, 그 용이 살아나 하늘로 올라갔다는 고사(故事)가 있다. 이 고사를 이름하여 화룡점정(畵龍點睛)이라고 한다. 마지막 한 점을 찍을 일이 나에게 아직 남아 있다.(A finishing touch) 그 한 점이 나의 인생을 아름답게 장식하는 좋은 한 점이 될 것이다.

옛말에 "길을 무서워하면 범을 만난다"는 말이 있다. 젊은이들은 일을 만나면 힘든 일이라도 좌고우면(左顧右眄)하지 않는다. 생명을 무릅쓰고 덤벼들어 그 일과 싸워 일을 성공적으로 완성한다. 할 줄을 모르면 물어서 행하고, 아니면 스스로 풀어서 행하는 참 바쁜 시간이 곧 젊은 시절이다. 그렇게 열심히 일하다 보면, 자기도 모르는 사이에 백설(白雪)이 머리에 내려앉기 시작하고, 피가 마르는 것도 모르게 된다. 내 머리 위에는 그간 내려앉은 백설이 삼장설(三丈雪)이나 된다.

말년에는 힘이 부치는지라 할 수 있는 일도 무서워하게 된다. 그러다가 일을 그르치고 잘못하다가는 큰 변을 당하기도 한다. 말년이라 하여 탄식과 무위도식(無爲徒食)을 일삼으면, 그간에 이룩한 공적도 무용한 것이 된다. 말년에도 일을 찾아 행하면, 건강의 축복도 얻고, 말년을 빛내는 아름다운 시간이 될 것이다.

그간에 발휘하지 못했던 잠재력을 개발하는데 힘을 쓰면, 용이 비천(飛天)하는 수월성(秀越性)을 발휘할 수도 있을 것이다. 아무래도 말년은 힘이 부치는 시기인지라 힘을 줄여서 살 수는 있어도, 날마다 밥이나 축내는 식충이(食蟲) 노릇을 해서는 안된다.

이 세상에 와서 마지막 순간까지 여한 없이 최선을 다하고 가는 삶이 되기를 기원해 마지않는다.

세월을 잠시 잃는 셈치고 한 번 읽어보기 바란다. 욕심 부리지 말고 하루에 조금씩 잘 음미하며 읽으면 좋은 독서가 될 것이다. 세상의 많은 기쁨 중에 한 권의 책을 독파(讀破)하는 기쁨보다 더 큰 기쁨은 없을 것이다.

이 책으로 그간 내가 써오던 글의 대장정(大長程)을 마친다. 독자 여러분의 그간의 성원에 감사하고, 건강의 축복과 가내 화평을 기원해 마지 않는다.

이 책의 발간을 위해 힘써준 정 숙현 선생, 안 명자 내자, 김 창권 부부에게 깊은 감사의 염(念)을 표한다.

목차

법불아귀(法不阿貴)

법은 신분이 귀한 사람에게 아부하지 않는다

제2부

마부작침(磨斧作針)

도끼를 갈아 바늘을 만든다

제3부

절골지통(折骨之痛)

뼈가 부러지는 고통을 겪는다

제4부

해기분(解其粉)

얽힌 것이 있으면 풀어라

제5부

기소불욕 물시어인(己所不欲 勿施於人)

자기가 원하지 않는 일은 남에게 시켜서는 안된다

선불치신 선치심(先不治身 先治心)

몸에 병이 나면 먼저 몸을 고칠 것이 아니요, 마음을 먼저 고쳐야 한다

인비조상 무종지생(人非祖上 無從之生)

조상이 없으면 이 몸이 어찌 태어날 수 있었겠는가

제8부

독자들로부터 주고받은 서신

이 책을 시작하면서

지금껏 11권의 책을 썼다. 겸손치 못한 말이지만 꽤 많이 썼다. 조금이지만 성취감 같은 것을 느낀다. 어찌 내 힘으로 다 썼겠는가. 천우신조(天佑神助)가 컸고, 정 숙현 선생이 끝까지 도왔다.

후생가외(後生可畏)라는 말이 있다. 후생들은 가능성 때문에 두려워한다는 뜻이다. 젊은이가 어떤 일에 도전할 때는 힘이 있어도 두려워하며 덤빈다. 단 1%의 가능성도 없다고 생각하면 단연 포기해버린다. 다윗은 1%의 가능성을 그에게서 보았기 때문에 골리앗에 덤벼들어 싸워서 이겼다. 나는 아직 1%의 가능성은 더 있겠지만, 글이란 그렇게 쉽게 쓰여지는 것이 아니다.

나는 나이로는 완전한 노인이다. 힘이 없고 쓸쓸하게 느껴질 때가 더러 있다. 이제는 더 늙을 시간이나 여지도 없다. 노인에게는 생활이 없다. 그저 살아 있을 뿐이다. 생명이 얼마 남아 있지 않았는데도, 꽤 오래 살 수 있을 것이라는 희망을 가지고 산다. 그런 희망이 있기 때문에 하루하루의 지겨운 삶을 이겨낸다. 생명을 잇고자 하는 노력은 거의 사투에 가깝다. 지팡이를 짚고 절뚝거리면서도 유력(乳力)을 다 해 걷는다. 숨길이 멎는 그 순간까지는 이 행진은 계속 되어야 한다. 나는 나이로는 노인이지만 노인답지 않게 살고 있으니 감사할 일이다. 그러나 이런 생활도 오래 계속될 것 같지는 않고, 불원 다른 사람과 같은 길을 가게 될 것이다.

서글픈 일이지만 더 이상 글을 쓰지 않기로 결심을 했다. 이제는 글을 쓸 힘도 거의 소진되었고, 글도 아닌 글을 썼다는 세간의 비판도 무섭기 때문이다. 이것으로 여한없이 열심히 살았다는 자위(自慰)를 삼고자 한다. 꾀부리지 않고 밥값을 하며 살았으니 부끄럽지는 않다.

그간 내 책을 읽어준 애독자 여러분들에게 감사의 말씀을 드린다. 그리고 매일 책을 읽는 습관을 길러, 세상을 더 바르고 아름답게 살 수 있기를 바라고, 더 알뜰하고 살기 좋은 가정을 만들어, 온 가족이 하나가 되어 즐겁게 살 수 있기를 바란다.

* *

내가 낸 책 중에서도 한 영혼을 구해준 것 같은 독후감(전화 통화) 사례는 잊지 못할 큰 추억이 되어 여기에 올려놓는다.

어느 날 밤이었다. 한 여인으로부터 전화가 걸려왔다. 남편이 10여 년 전에 바람이 나서 자기를 괴롭히다가 5년 전에는 집을 나가게 되었노라고 했다.

커가는 아이들이 둘이나 되고, 그들을 먹여 키울 길이 막연하여, 때로는 극단적인 방법을 생각하기도 했지만 바른 길이 아니었고, 거리를 방황하기도 했지만 그 길 역시 문제를 해결하는 방법이 아니었다. 그러던 어느 날이었다. 무슨 수가 없을까 하여 도서관에 들르게 되었다. 천만 다행히도 내가 썼던 책을 발견하여 읽게 되었노라고 했다. 읽어보니 구구절절이 마음에 들어 그 책을 다 읽게 되었노라고 했다.

그 책을 읽고 나서야 이렇게 살아서는 안 되고, 바른 길을 찾아 살 결심을 하게 되었노라고 했다. 눈물로 뒤범벅이 된 전화 통화였지만, 나의 작은 책 하나가 한 여인의 영혼을 구해준 것 같은 느낌이 들어서, 이 책에 그 소회(素懷)의 일단을 적게 되었다. 또 다른 사례도 있지만,

지면 관계로 이 정도로 하겠다.

*　　　*

전남대학교(여수:본부) 정 숙현 선생에게 깊은 감사의 염을 표한다. 이 일이 어려운 일인데도 싫다는 내색은 조금도 하지 않고, 첫 권부터 마지막 책의 지필(止筆)에 이르기까지 도와주었다. 그가 그렇게 해주지 않았더라면 나로서는 불가능한 일이었다. 이런 인연은 어디서고 찾을 수 있는 것이 아니다. 그의 뜻의 진심함과 열정에 거듭거듭 감사한다. 때로는 감사의 누흔(淚痕)이 눈가를 적시기도 한다.

일거리를 가지고 가면 기다렸다는 듯이 늘 즐거운 마음으로 받아 처리해주었다. 그가 그렇게 해준 것이 나의 마음을 가볍게 했고, 그것이 곧 이렇게 많은 책을 쓸 수 있게 했다. 염치없이 너무 많은 고생을 시켰다.

그의 일처리는 너무 깨끗하고 완벽하다. 그래서 달리하지 못하고 지금껏 같이 일하는 기쁨을 누리게 되었다. 그의 가족 모두의 하는 일이 잘 성취되기를 기원하고, 모두가 건강의 축복을 얻어 살기를 기원한다.

지금까지 내가 썼던 책의 모든 내용은, 독자 여러분들의 가슴속에 맑은 삶의 샘물이 되어 도도(滔滔)히 흐르기를 기원하면서 이만 줄인다.

법불아귀(法不阿貴)

법은 신분이 귀한 사람에게 아부하지 않는다

기가 막히게 좋은 글귀다. 일언이폐지(一言以蔽之)해서 법은 공평무사하다. 범법을 한 사람은 누구나 법의 심판을 받지 않으면 안된다. 돈이 많으면 죄를 없애주고(有錢無罪), 돈이 없으면 죄를 있게 한다는 무전유죄(無錢有罪)라는 말이 있다. 신분이 제아무리 높은 사람이라 해도, 법은 그런 사람에게 아부해서 감형이나 무죄로 해주는 일은 없다.

옛날에 중국에서 있었던 한 고사다. 위나라의 문제(文帝)가 불경죄로 갇혀 있는 유정(劉楨)이라는 사람을 찾아갔다. "그대는 어찌하여 국법을 어겼는가?" 유정이 대답하여 이르기를 "소인이 멍청했기 때문입니다. 그보다도 폐하의 구멍이 좁아서 그랬습니다."라고 대답했다. 법의 구멍이란 법망(法網)을 말한다. 법망이 너무 작아서 빠져나갈 수가 없어서 잡히게 되었다는 뜻이다.

천망(天網)이란 하늘의 망이고 하늘의 망이란 곧 양심을 말한다. 그런데 양심의 망은 아무리 얼멍얼멍하게 짜여 있다 해도 그 어떤 것도 빠져나갈 수가 없다.(天網恢恢 疎而不漏邊) 그러나 사회의 법망은 육법전서(六法典書) 등 많은 법망을 만들어 놓았지만 빠져나가는 사람이 많다.

法은 그 누구에게도(대통령에게도) 아부하지 않고, 가차없이 처벌하여 공평무사한 세상을 만들어 살기 좋은 세상이 되게 한다.

칩거(蟄居)

겨울은 칩거의 계절이다. 방안에만 죽치고 앉아 나올 생각을 하질 않는다. 방안을 지키는 방안퉁소가 되어 겨우내 방안지기 노릇을 한다. 방안은 겨울을 나는 영원한 거소가 되고, 방안 아랫목은 늙은이들의 독차지가 된다.

한 번 드러누우면 일어날 줄을 모르고 등골에 물집이 잡혀도 그런 줄을 모른다. 몸이 문드러지게 뒹굴며 겨울 칩거를 계속한다. 이보다 더 지겨울 일이 없다.

무엇이든지 쓰지 않으면 그 기능이 마비된다. 손도 발도 쓰지 않으면 힘을 잃고, 머리도 쓰지 않으면 그 기능이 마비된다. 방안이 좋다 하여 방안에만 갇혀 있으면 봄이 와도 오는 줄을 모르고, 새가 울고 꽃이 피어도 그런 줄을 모른다.

설중대춘(雪中待春)이라 하였으니, 추운 겨울을 살되 봄을 기다리며 산다. 추위를 무서워하는 사람들에겐 겨울은 불만의 계절이다. 젊은이들은 겨울을 즐기며 살지만, 늙은이들은 겨울이 무서워서 겨울 맞기가 무섭다.

아무리 반가운 사람도 밖에서는 만나기가 싫고, 아무리 좋은 일도 밖에서는 하기가 싫다. 봄을 기다리며 사는 자는 아무리 추워도 그 추위를 이기며 산다.

사람은 시작할 때가 있고, 물러설 때가 있다. 벼슬을 할 때가 좋지만, 그만두고 나면 한거(閑居)의 길이 곧 그의 길이다. 공(功)을 이루고 나오면 이름까지 얻지만, 잔머리를 굴리다 나오면 세상을 어지럽혔다 하여 세인의 눈총이 따갑다.

겨울에 무 꽁지가 길면 그 겨울이 춥다 하였다. 생각이 추우면 몸이 춥고, 몸이 추우면 아무리 껴입어도 춥고, 잘못 나갔다간 큰 변을 당한다. 동지(冬至)를 지나면 밤의 길이가 소 한 마리의 길이만큼 줄어든다 하였다. 추운 밤이 줄어든다니 얼마나 좋은지 모른다.

소한, 대한을 지나 입춘이 오면, 밤과 낮의 길이가 같아진다. 입춘대길(立春大吉)의 글귀가 써 붙여져도 겨울의 맹위는 여전하다. 겨울의 추위가 가시지 않으면 봄이 와도 봄이랄 수가 없다.

겨울이 시작되면 짐승들은 깊은 굴속에서 긴 동면(冬眠)에 들어가고, 벌레들도 땅속을 파고들어 긴 잠을 잔다. 나무들은 짙은 녹엽(綠葉)들을 다 떨구어내고 벌거벗은 채 긴 겨울을 난다.

큰 죄를 지어 임금님의 눈 밖에 나면 외로운 섬에 유배(流配)되어 그곳에서 바깥세상과 단절이 된 채 산다. 뒤따라온 사약(死藥)이 없으면 겨우 목숨을 부지하며 살지만, 사약을 받으라는 엄명으로 그의 생은 끝난다.

정치에 물린 사람들은 산을 찾아 산중거사(山中居士)가 되지만, 세상일에는 늘 부귀영화(富貴榮華)만 있는 것이 아니다. 영욕(榮辱)이 번갈아 오는 것이니, 세상의 부허(浮虛)한 것에 뜻을 잘못 두었다간 큰 일이 일어난다. 일을 그르친 뒤에는 하늘을 원망해도 소용이 없고, 그간 살아온 일생에 회한(悔恨)의 눈물을 흘려도 소용이 없다.

나는 붙박이처럼 아침 트랙을 도는 트랙의 파수꾼이다. 눈, 비, 바람에도 상관하지 않고, 사철의 변화에도 상관이 없다. 비가 오면 우산을 쓰고 나가고, 칼바람 삭풍에는 패딩점퍼를 걸치고 나간다.

뜻이 있는 곳에 길이 있고 사랑이 있다. 뜻이 진실하면(苟志), 사랑이 진실하고(眞愛), 사랑이 진실하면 그 속에 악이 없다 하였다.(無惡也) 이렇게 변함없이 트랙 지킴이가 되어 사니 건강하여 좋고, 마음의 평정까지 얻어 사니, 이보다 더한 기쁨이 없다.

봄, 가을에는 트랙이 차서 붐비더니만 한기(寒氣)가 거듭되면서는 사람이라고는 보기가 드물다. 방안이 그들의 거소가 되었고, 한기를 피해 방으로의 귀소(歸巢)가 이루어졌다. 화신(花信)이 올라와 주변을 따뜻하게 하기까지는 꿈적도 하지 않는다.

추위를 조심하라는 경고성(警告聲)에 무심할 자는 없지만, 나처럼 미련한 몇 사람만이 새벽 공기를 가르며 아침을 연다. '힘차게 힘차게'가 우리의 생활 모토가 되었고, 추위가 무섭다 하여 안으로 안으로 깊숙이 피신하여 사는 자는 봄이 와도 봄의 기쁨을 모르고 산다. 아무리 생각해봐도 나처럼 미련한 자는 없다. 내 나이가 몇이라고 추위와 싸우며 살려드니 말이다.

징조(徵兆)

절기상으로는 겨울의 한중간이어서 몸단속 잘하고 나간다. 봄이 오려면 몇 차례의 징조가 나타나야 하고, 춘치(春雉)라도 몇 차례 울어야 봄이 올 것이다.

이 세상 모든 것은 하루아침에 와서 자리 잡는 것은 아니다. 처음에는 가벼운 징조를 몇 차례 띄우다가 큰 힘으로 밀고 온다. 비가 오려면 남동풍이 불고, 천둥이 치려면 번개가 친 후에 온다. 가을 또한 하루아침에 오는 것은 아니고, 처음엔 실솔(蟋蟀)의 울음소리가 들리고, 고추잠자리들이 푸른 하늘에 꽁지를 차고 오른다.

작은 징조에서 아들놈의 대성(大成)의 기미를 엿보고, 작은 징조에서 전쟁의 승리와 패배를 느낀다. 검은 구름이 바삐 움직이면 비가 올 징조이고, 비바람이 세차게 불면 큰 재앙이 올 징조다.

일낙엽(一落葉)으로 천하의 가을을 알고, 병(甁) 속의 얼음을 보고 천하가 추운 것을 안다.(一落葉而 知天下之秋 甁凍知寒) 낙엽이 우수수 떨어지는 것을 보고 가을도 다 하여 한 해가 저무는 것을 느낀다.

작은 현상을 보고 큰 근본을 깨닫게 되고, 작은 징조에서 쇠퇴하고 망하는 형세를 느낀다. 작은 징조를 무심코 넘긴 것이 천추(千秋)의

화(禍)를 불러들이고, 작은 것에서 미래의 길흉화복(吉凶禍福)을 본다. 무엇이든 무심하고 살다간 큰 화를 입는다.

세숫대야에 떨어지는 한 잎의 낙엽에서 가을이 깊은 것을 느끼고, 옅은 주황색 잎사귀에서 장차 불타오를 빨간 단풍잎을 본다. 풀잎에 맺힌 아침 이슬에서 하루의 천기를 보고, 서릿발 속에서도 꽃을 피워 올리는 국화의 오상고절(傲霜孤節)에서 인생의 굳은 절개(節槪)를 본다.

사람의 첫 인상으로 선악(善惡)을 판단하고, 말 몇 마디에서 그 사람의 인품(人品)을 본다. 모든 일에는 시작과 끝이 있고, 잘된 시작에서 잘된 끝을 본다. 그래서 예부터 시작을 잘하라 하였고, 시작이 나쁘면 끝도 필연 나쁘다 하였다.(有始者 必有終)

양자강 같은 큰 강물도 시작은 술잔을 띄울만한 작은 세류였다 하여 이를 남상(濫觴:기원, 시초)이라 표현한 것도 다 그런데 연유한다.

처음에 조금 틀리면 나중에는 크게 틀려 일을 그르치고, 처음 나타나는 징조에 신중하면 일을 그르치는 일이 없다. 넝쿨도 무성하기 전에 제거해야 하고, 너무 무성해진 뒤에는 제거하기가 힘들어 진다.(蔓草猶不可除)

시작이 있으면 반드시 끝이 있는 것이니, 유종의 미를 거두고자 하면, 시작부터 잘해야 한다. 한 발 한 발이 더하여 천 리 길이 되고, 시작을 잘하면 반은 이긴다는 생각을 해야 한다.

효시(嚆矢)라는 말이 있다. 전쟁을 시작할 때, 화살을 먼저 쏘아 올려 시작했다 하여 하는 말이다. 될 놈은 떡잎부터 될 것을 알아보고, 아들놈들 중에 좋은 징조가 보이면 그대로 하게 해야 한다. 괜한 욕심으로 억지를 부리다간 자식놈들 다 망친다. 공부하기 싫은 놈에게 공부 잘하기를 기대해서는 안되고, 노래를 잘 부르는 놈에게는 노래를 부르게 해야 한다. 그림 그리기를 좋아하는 놈에게 검사 판사가 되기를 기대해봤자 되는 것이 아니다. 아무리 그래봤자 몸만 상하고 일을 그르친다.

천재는 부지런히 하는 자를 이길 수 없고, 부지런히 하는 자는 즐기는 자를 이길 수 없다.

시작은 미약하여도 그 끝은 창대하리라 하였으니, 시작한 일은 즐거운 마음으로 할 수 있어야 한다. 글쓰는 사람이 처음부터 대가(大家)의 흉내를 내려다간 큰 낭패를 당한다. 처음에는 미미해도 계속해서 힘써 행하면 언젠가는 대가의 반열(班列)에 오르게 된다.

시작이 좋다 하여 끝이 꼭 좋은 것은 아니다. 방심하다가 일을 그르치고, 자만하다가 일을 망친다. 시작은 나빠도 즐거이 행하는 마음이 있으면, 언젠가는 성공하여 세상을 빛낸다. 꾸준함을 이기는 재능은 없다.

세상 모든 일은 사소한 일에서 시작된다. 작은 씨앗이 큰 나무가 되어 새들을 불러들이고, 행복과 불행도 작은 일에서 시작되고, 성공과 실패도 그 시초는 아주 작은 일에서 시작된다.

개미구멍이 큰 방축을 뚫어 무너뜨리고(堤潰蟻穴), 아무리 큰일도 작은 일을 통해서 이루어진다는 이소성대(以小成大)의 원리가 얼마나 위대한 가를 알아야 한다.

수시로 나타나는 하늘의 징조에 조심하고, 자기 마음속에 나타나는 만심(慢心)을 경계해야 한다. 만심은 만악의 근본이고, 만인을 파멸로 이끄는 적이기 때문이다.

헤엄을 잘 치는 자는 물에 빠지기 쉽고, 말을 잘 타는 자는 말에서 떨어져 다치기 쉽다. 자기가 남보다 낫다고 여기는 버릇(自勝之癖)은 꼭 고쳐야 한다. 고치지 않고 그대로 놔두고 살다간 큰 파멸을 당한다.

작은 징조에서 장차 나타날 큰일을 볼 수 있어야 하고, 그러지 못할 때 일을 그르치거나 큰 재앙을 만날 수도 있다.

천재(天才)가 이기지 못하는 것

세상을 살다 보면 꼭 좋은 일만 있는 것이 아니고, 나쁜 일도 있다. 늘 좋은 일만 있으면 좋은 것 같지 않고, 늘 나쁜 일만 있어도 나쁘게 느껴지지 않는다. 좋은 일이나 나쁜 일이 다 지나가지만, 좋은 일은 더 빨리 지나가는 것 같다.

나쁜 일 속에서 시달리며 살다가, 좋은 일을 맞이했을 때의 기쁨이 크고, 좋은 일 속에서 기쁨을 누리며 살다가, 나쁜 일을 맞이했을 때의 고통 또한 이루 말할 수 없다.

가족 간의 관계도 늘 좋은 것은 아니고 때로는 나쁠 때도 있다. 이웃 간의 관계도 그러해서, 잘 지내다가도 뜻하지 않는 일로 일이 잘못되어 어려움을 겪는다. 세상 모든 일이 다 그렇다. 늘 한결같기를 바라지만, 하는 일에는 부침(浮沈)이 계속된다. 장사를 하되 늘 잘 되기를 바라지만 잘 안 되고, 그저 망하지만 않고 잘 버티기만 해도 잘하는 것이 된다.

나는 천재가 부러울 때도 있지만 늘 좋아하지는 않는다. 일이 잘 안 풀려 답답할 때는 천재의 기발한 탁견(卓見)이 그리울 때도 있지만, 그들의 생각에 전적으로 의존하고 싶은 생각은 없다.

천재란 선천적으로 타고난 재주를 가진 자를 말한다. 재주가 아주 탁월해서 그 재주가 마치 하늘에서 내려온 것처럼 느껴질 때, 그런 사람을 천재라고 한다.

어떤 사람은 천재를 말하기를, 천재는 타고난 것이지 주어지는 것이 아니라고 하고, 자기 자신을 다른 사람보다 더 잘 태우는(火) 사람이라고도 하고, 자기 자신을 더 잘 점분(焚火)하는 사람이라고도 한다.

그런 천재도 노력하는 자를 당하지 못한다고 하였으니, 노력보다 더 위대한 가치는 없다. 우공(愚公)이 산을 옮겼다는 우공이산(愚公移山)의 고사나, 스스로 돕지 않는 자를 하늘은 절대로 도와주질 않는다. 몸을 움직여 일하지 않는 자에게 행운은 결코 없고, 물방아도 물이 흐르지 않으면 돌아가지 않는다. 물방울도 계속 떨어지면 바위를 뚫고(水滴石穿) 아무리 천재라 해도 노력하는 자를 이기지 못한다.

도끼를 갈아서 바늘을 만들고(磨斧作針), 아무리 산이 높아도 하늘 아래 뫼(山)인 것이니, 오르고 또 올라야 그 산을 정복한다.

아무리 노력하는 자도 즐기는 자를 이기지 못한다 하였다. 무슨 일을 하되 즐겨 행하는 자보다 더 잘하는 자는 없다. 즐겨 행하면 아무리 힘든 일도 쉽게 행하고, 부모 모시기가 아무리 힘들다 해도 즐겨 모시면, 그보다 더 기쁘고 쉬운 일은 없다. 남들은 어려워 못하는 일도 기쁨으로 행하는 자는 되레 더 그 일을 수월하게 행한다.

즐겨 살면 고해(苦海)처럼 힘든 인생도 즐겁기 그지없다. 공자가 그가 좋아하는 한 선생(榮啓期)에게 "선생은 무엇을 낙으로 삼는가"라고 물었더니, "나의 낙이 많지만, 세 가지만 들겠소. 만물 가운데서 내가 사람이 된 것이 일락(一樂)이고, 남녀 사이에 내가 남자가 된 것이 이락(二樂)이고, 인생이 강보(襁褓)도 면하지 못한 자가 있는데 내 나이 95세이니, 그것이 삼락(三樂)이다. 가난한 것은 선비의 당연한 것이고, 죽는 것은 인생의 종말인데 무슨 걱정이 있겠는가."라고 답했다고 한다.

다른 사람들이 하기 어려운 일도 마음에 즐거움으로 행하면 그 일보다 수월한 일은 없다. 어떤 분은 책을 100번을 읽었노라고 했다. 그가 그 책을 좋아하지 않았으면 그럴 수가 없었을 것이고, 구도적(求道的) 열정이 없었으면 결코 그렇게 할 수가 없었을 것이다.

미치지 않으면 이르지 못하고(不狂不及), 아무리 어려운 책도 백 번을 읽으면 그 뜻이 저절로 우러난다 하였다.(讀書百篇 意自現)

아무리 천재가 훌륭하다 해도 노력하는 자를 이길 수 없고, 아무리 노력하는 자도 즐겨 행하는 자를 이길 수가 없다.

나는 만인이 공인하는 둔재임에 틀림이 없다. 옥도 갈아야 좋은 그릇이 되듯(玉不琢 不成器), 열심히 갈고 기쁜 마음으로 행한 탓에 오늘날 이렇게 졸필(拙筆)을 굴려 글이라도 쓰고 있다.

장사를 행하되 기쁜 마음으로 행하면 망하는 일이 없고, 책을 읽되 기쁜 마음으로 읽으면, 그 책의 깊은 의미를 알게 될 것이다.

아무리 좋은 일도 기쁨으로 행하지 않으면 성공하기가 어렵다. 천재가 일을 성공하는 것이 아니고, 기쁨으로 신명을 바쳐 행하는 자가 성공한다. 아무리 천한 일도 기쁨으로 행하면 귀한 일이 되고, 아무리 어려운 일도 기쁨으로 행하면 훨씬 수월한 일이 된다.

기쁜 일을 행하되 선하고 바른 일을 행해야 하고, 나쁜 일을 기쁨으로 행하다간 패가망신(敗家亡身)의 슬픔을 겪는다. 사람이 행해야 할 일이 아니면 아무리 큰일도 행해서는 안된다.

천재는 노력하는 자를 이길 수 없고, 노력하는 자는 즐기는 자를 이길 수 없다.

방종(放縱)

사람의 마음처럼 제멋대로 노는 것은 없다. 일기가 변하듯 개었다 흐렸다 하기를 반복한다. 마음이 늘 개어 있으면 좋지만, 작은 미혹에도 견디어내지 못하고 곧 무너진다. 그래서 세상은 날로 악해지고 혼탁해진다.

사람의 마음은 흐름 그대로 놔두면 무질서와 혼란에 빠진다. 그 흐름을 막아보려 하지만 잘 되지 않고, 그래서 사람들은 자기의 마음대로 행하여 자유를 누리며 살려고 한다. 하지만 세상은 그들을 그대로 놔두려 하지 않는다. 내가 내 마음대로 행하며 살면, 다른 사람들이 피해를 입기 때문이다.

담배 한 대를 피우고자 해도 장소를 골라서 피우고, 술 한 잔을 마시고자 해도 적당한 곳을 골라서 마신다. 자기 마음대로 행하는 것을 자유라 하지 않는다. 자유에는 절제가 필요하고, 절제가 수반하지 않는 자유는 방종이다. 방종은 자기를 타락시키고 가정을 파괴한다.

송아지의 고삐가 풀리면 남새밭의 푸성귀가 남아나지 않는다. 말을 몰되 기분 내키는 대로 몰면, 말은 가던 길에서 벗어나 진로를 이탈한다. 자유를 누리되 마음의 질서와 절제를 통해 누려야 한다.

자유와 방종은 종이 한 장 차이지만, 종이 한 장으로 행불행(幸不幸)이 엇갈린다. 분별력을 가지고 행하지 않으면, 내 이웃과 세상에 큰 누를 끼친다. 방종의 유혹만큼 큰 것도 없어서, 잘못 걸려들면 헤어나지 못한다.

방종은 자기 파멸의 시작이다. 방종은 기둥 밑을 흐르는 물과도 같아서, 그 물을 그대로 놔두면 주춧돌까지 파서 날린다.(W. 블레이크)

인생 항로에는 금지되어 있는 길이 많은데도, 그 길에 빠져들어 즐기고자 한다. 사람들이 가장 빠져들기 쉬운 것이 쾌락이다. 그 맛이 짜릿하여, 이를 좇아 즐기려는 인간의 심리는 부단히 이어진다. 그러다가 세상의 비난에 짓눌려 몸이 망가지고, 가정이 망가진다.

방종이 우리를 유혹해서 왕관을 씌워주면, 그 밑에서 안주(安住)하다가 파멸한다. 포르노에 빠지고, 술, 담배, 마약, 도박에 빠져 중독 상태에 이르면, 방종의 영원한 벗이 되어 벗어나기 힘든 상태에 이른다.

방종의 길은 가서는 안 되는 길이고, 그 초대장이 어찌나 화려하던지 물리치기가 어렵다. 공부는 열심히 해도 되지만, 몹쓸 일을 방종에 빠져 열심히 즐기다간 신세를 망치고 패가망신한다. 당장 잘라야 할 것을 자르지 못하면, 훗날 큰 재앙이 된다.(當斷不斷 反受其亂) 땀을 흘려 열심히 번 것이 아니면 모두가 죄악이다.

한번 방종에 빠져들면 마음은 물론이고 몸까지 망가진다. 방종은 인간을 파멸시키는 폭군이요, 그 학대가 커서 평생을 굽실거리는 노예가 된다.

방탕이란 찰나적인 즐거움이지만 영원한 슬픔과 후회가 뒤따른다. 처음부터 무엇이 사람의 길인가를 잘 판단하여 살 일이다. 요즘 같은 물질 만능과 배금사상(拜金思想)이 팽배하면, 한탕주의의 부허(浮虛)한 생각에 빠져 헤어나지 못한다.

영국 속담에 "환락의 밤이 새면 비애의 아침이 온다"는 말이 있다.(A

joyful evening may follow sorrowful morning.) 자유의 적은 방종이고, 방종은 자유의 최악의 적이다. 방종은 자유가 아니고, 자유를 파괴하는 방탕자다.

난봉질은 해서는 안되는 악이다. 그 짓을 버리지 못하고, 즐기다간 만신창이(滿身瘡痍)가 된다. 돈이 많다 하여 일도 하지 아니하고, 배를 두드리고 먹고 놀다간 말년에 겨울 배짱이의 신세가 된다.

하루아침에 방종에 빠지는 것은 아니다. 자기도 모르는 사이에 조금씩 즐기다가 빠져든다. 무엇이든 작은 것으로부터 시작되어 큰 것이 된다. 악이 작다 하여 해도 된다고 생각해서는 안되고(勿以惡小而爲之), 선 또한 작다고 해서 하지 아니할 생각을 해서는 안된다.(勿以善小而不爲)

작은 악이 쌓여 큰 악이 되고, 작은 선이 쌓여 큰 선이 된다. 악한 행실은 악으로 보상받고, 선한 행실 또한 선으로 보상을 받는다.

모든 악은 사람의 마음에서 생긴다. 마음 단속 잘하지 않고 살면, 악한 마음은 늘 생겨 자기를 망치는 일이 생긴다. 이는 마치 녹이 쇠에서 생겨 쇠를 녹이는 일이 생기는 이치와도 같다.

한 사람이 말을 잘못 전하면, 그 말이 여러 사람에게(사실로) 전달되어 여러 사람이 잘못 행하게 된다.(一人傳虛 萬人傳實) 이는 마치 한 마리의 개가 물건의 형상을 보고 짖으면, 다른 여러 마리의 개도 그 소리를 듣고, 따라서 짖는 것과 같다.(一犬吠形 百犬吠聲)

악이 나쁜 것은 그 악을 행한 자만 나빠지는 것이 아니고, 그것을 보고 따라 행하는 여러 사람이 나빠진다.

방종은 만악의 시작이요, 만악의 근본이다.

생명의 탄생

지난 연말에 주례를 섰다. 내 나이가 많아 거절했지만, 상대방의 강청을 물리칠 수가 없었다. 젊은 주례와 같이 새 인생을 시작하라고 했지만 막무가내(莫無可奈)였다. 젊은 주례를 원하는 것이 아니고, 내가 주례를 서주는 것을 원한다고 했다. 한두 차례 거절을 하다가 그냥 승낙을 한 것은, 시작은 원래 순조로워야 하기 때문이다.

기실은 나도 크게 거절을 할 이유가 없다. 처음 서보는 주례도 아니고, 그 전에 수없이 많은 주례를 섰기 때문이다. 주례사를 형편에 맞추어 조금 손질을 하면 되고, 몸을 정(淨)하게 씻고, 늘 하던 대로 넥타이 정장을 하고, 시간에 맞추어 나가서 주례를 서면 된다. 그렇게 하면 용돈도 생기고 하니, 거절할 이유가 없다. 그 용돈이면 얼마간은 편하게 쓸 수 있기 때문이다.

내 친구들 중에 주례를 서본 경험이 없는 사람은 거의 없는 것 같다. 그들이 한결같이 말하기를, 주례를 잘 선다고 해서 꼭 잘 사는 것은 아니더라고 했다. 하지만 정성을 다해 주례를 선다고 했다.

사람이 넘어지려고 하면 받쳐주어서 넘어지지 않게 한다. 그렇다 해서 넘어지지 않는 것은 아니다. 그래도 사람들은 사람으로서의 도리를 다하여 받쳐준다.

어떤 사람이 죽어갈 때, 기도도 해주고, 기름 축복도 해서 그를 살리려 한다. 그렇다 해서 죽지 않는 것은 아니다. 주례를 잘 선다 해서 꼭 잘 사는 것은 아니지만 그래도 정성을 다해서 주례를 선다.

사람은 사회적 동물이다. 혼자서는 살 수 없고, 서로 돕고 의지하며 산다. 이웃 사람이 어려울 때는 그를 도와 그가 고경(苦境)에서 벗어나게 하고, 나도 또한 어려울 때는 그들로부터 도움을 받으며 산다.

주례를 서보면 주례사 외에도 하는 말이 많다. 주례사는 써온 대로 읽으면 되지만, 다른 말까지 다 써가지고 와서 할 수는 없다. 중간에 해야 할 말이 많고, 그 말을 잘못해서 그 큰일을 망쳐서는 안된다.

사람이 나이가 많으면 순발력이나 판단력이 약해서 실수를 범하는 수가 많다. 그러다 보니 지금껏 해오던 일을 하나씩 줄여서 행하고, 그러다가 아주 안되겠다 싶으면 아주 줄여서 산다. 인간 행위의 자연도태(自然淘汰)는 이렇게 해서 이루어진다.

그래서 금년부터서는 주례를 서지 않기로 결심을 했다. 작은 미련에 끌려 그 일을 계속했다간 결혼성례(聖禮)를 망쳐버릴 수도 있기 때문이다.

사람은 원래 선하게 태어난다고 한다. 선한 환경에서 선한 교육을 받으며 산 자는 선한 사람으로 갖추어 살고, 악한 자는 사람을 죽여 토막내서 버리는 일까지 저지른다. 심지어는 가족까지도 그렇게 한다. 사람보다 선한 동물은 없지만, 사람보다 악한 동물도 없어서 때로는 극악하기 그지없는 일을 저지른다.

사람들의 마음이 선하면 그 마음이 물이 흐르듯 흘러서 세상을 순하고 아름답게 하지만, 사람이 악하면 물이 거슬러 흐르듯 세상의 흐름을 어지럽게 한다. 자식이 부모를 잘 봉양하고, 부모 또한 자식을 잘 길러서 세상에 내놓으면, 세상은 살기 좋고 순한 세상이 된다. 그렇지 못하면 걷잡을 수 없는 악의 소용돌이에 휘말린다.

나는 평생을 사는 동안에 남을 위해서 좋을 일이란 해보지 못하고 살았다. 젊었을 때는 나랏돈으로 가르치는 일을 했고, 결혼 주례는 주례비를 받고 주례를 섰으니, 꼭 좋은 일이랄 수도 없다.

무심코 행한 일이 남에게 해를 끼친 적은 있어도, 때로는 자기 덫에 걸려 잘하려고 하면 더 잘못되는 경우도 있었다. 일이 한 번 꼬이기 시작하면, 더 깊이 얽혀 잘못한 적도 있었다.

"인간 역사는 행복의 역사라고 합니다. 그간 인간은 행복을 추구하기 위해서 많은 노력을 해왔습니다. 그 많은 행복 중에서 남편과 아내가 한 가정에서 이루는 행복이 가장 큰 행복이요, 자기의 작은 가정을 지상의 천국으로 가꾸어 가면서 그 속에서 누리는 행복이야말로, 이 지상의 어떤 곳에서 누리는 행복보다도 더 큰 행복이라고 하지 않을 수 없습니다.

남의 아내가 되고 남의 남편이 되기는 쉬워도, 좋은 남편 좋은 아내가 되기는 참으로 어려운 것이니, 두 사람이 서로에게 잘해서 이 세상에서 가장 좋은 남편 가장 좋은 아내가 되기를 바랍니다."

이상의 글은 내가 쓴 주례사의 일부를 따온 것이다. 주례를 서는 사람치고 악한 자가 없다고 한다. 나 역시 주례사를 쓰는 순간이 가장 선해지는 순간이고, 주례를 서는 순간이 가장 엄숙해지는 순간이다. 왜냐하면 새로운 생명을 탄생시키는 순간이기 때문이다.

어머니가 아이를 탄생시키기 위해서는 자기의 생명을 도(堵)해야 한다. 한 생명을 각오해야 다른 생명이 탄생된다. 물론 생명의 배태(胚胎)는 쾌락의 소산이고, 최고의 쾌락을 통해서 생명은 배태(胚胎)된다. 생명의 탄생은 무한한 기쁨이지만, 가장 큰 기쁨은 가장 큰 고통을 통해서 온다.

두 남녀의 결합 또한 새로운 생명의 탄생이다. 새로운 생명의 탄생에

엄숙하지 않을 자는 없다. 나 역시 이 순간을 통해 선한 사람으로 태어나는 축복을 얻는다.

두 남녀의 새로운 탄생을 위해서 그간 부모님들이 얼마나 많은 고통을 겪었으며, 두 사람 또한 얼마나 많은 어려운 세월을 겪으며 살았는지 모른다. 주례 또한 자기 인생의 최고의 명문(名文)으로 주례사를 써서 그들의 앞날을 축복해 주고, 거기에 하객(賀客)들 또한 한결같은 마음으로 그들의 장도(壯途)를 축하해 준다. 생명의 탄생은 기쁨의 탄생이지만 고통의 소산이기도 하다.

천의무봉(天衣無縫)

곽한(郭韓)이라는 사람이 있었다. 어느 한여름에 뜰에 나가 바람을 쏘이며 잠을 자고 있으려니까, 하늘에서 눈이 부실 정도로 아름다운 여자가 내려왔다. "당신은 도대체 누구입니까?"라고 물었더니 "나는 천국에서 내려온 직녀(織女)"라고 했다. 가까이 가서 보니 그녀의 아름다운 옷에는 꿰맨 자국이라고는 한 군데도 없었다.

곽한이 이상하게 여겨 물었더니, "천의라는 것은 하늘의 옷으로 바늘이나 실 따위는 쓰지 않습니다."라고 대답했다. 그것을 무봉(無縫)이라고 한다. 이로부터 시문(詩文) 따위에 손질한 자국이 눈에 띄지 않고, 자연스럽게 빼낸 것을 천의무봉이라고 하였다.

사람의 옷을 만들 때에는 몸의 치수를 재서 그에 맞게 옷감을 잘라, 실로 꿰매서 만든다. 그 중간에 가봉(假縫)할 날짜를 정해 몸에 맞추는 과정을 거쳐 옷을 완성한다. 만든 옷이 몸에 맞으면 몰라도 그렇지 않으면 재단사와 고객 사이에 실랑이가 벌어진다.

글쓰기가 쉬운 줄 알지만 써보지 않은 사람은 그 어려움을 모른다. 수없이 많은 손질을 해서 세상에 내놓는다. 글쓰기보다 교정보기가 어렵다고 하니, 오죽하면 그런 말을 하겠느냐는 생각이 든다. 그래서 2교,

3교의 과정을 거쳐서 글을 완성한다. 어설픈 것을 내놓았다간 독자들 사이에 대변(大變)이 일어난다.

독자들처럼 입맛이 까다로운 사람은 없다. 물론 만인을 만족시키는 글을 쓰는 사람은 없지만, 그래도 어중간(於中間)한 것을 내놓았다간 큰일이 일어난다.

백낙천(白樂天)같은 시인은 시를 써서 무식한 노파에게 읽어주며, 그녀가 좋다고 할 때까지 고쳐 썼다고 한다. 시는 될 수 있는 한, 쉽게 써서 만인이 이해할 수 있도록 해야 하지만, 그러지 못하는 것이 시작(詩作)의 어려움이다. 어렵게 쓰는 데서 자기의 권위와 자존심을 세우려고 한다.

중국에 소동파(蘇東坡)라는 시인이 있었다. 그의 친구가 소동파에게 자네가 쓴 적벽가(赤壁歌)라는 시는 훌륭하기 그지없네. 그런데 며칠이나 걸려서 그걸 썼느냐고 물었더니, "며칠은 무슨 며칠, 단번에 썼지." 라고 대답했다고 한다.

그런데 이 말을 하고 소동파가 밖으로 나간 뒤, 그가 앉았던 자리 밑에는 시를 고치고 가다듬은 종이가 무려 세 광주리나 되었다고 한다. 글쓰기가 얼마나 어려운가를 나타내는 단적인 예이기도 하다.

글을 써서 고치고 가다듬는 것을 퇴고(推敲) 또는 추고(推敲)라고 한다. 그 중에서도 추고는 일본식 발음이어서 요즘에는 잘 쓰지 않는다.

옛날 중국 당나라 때 가도(賈島)라는 시인이 있었다. 그가 나귀를 타고 가면서 문득 시 한 수를 머릿속에 떠올렸는데 아래와 같은 시였다.

閑居少隣竝(한적하여 이웃은 적고)
草徑入荒園(풀밭은 황원(荒園)에 들어가는데)
鳥宿池邊樹(새는 연못가의 보금자리에 잠이 들고)
僧推月下門(스님은 달빛어린 사립문을 살며시 미네)

그런데 마지막 행(行)의 퇴(推)자가 마음에 들지 않았다. 생각을 거듭한 끝에 퇴자(推字) 대신에 고(敲:두드릴 고)자를 쓰면 어떨까 하는 생각이 들었다.(사립문을 밀고 들어갔다(推) 보다는 사립문을 두들기고 들어갔다.(敲))

그래서 그는 위 시문에서 승퇴(스님이 밀고 들어갔다.)보다는 승고(스님이 두들기고 들어갔다.)로 하는 것이 좋겠다는 생각이 들었다. 퇴(推)자를 써야할지 고(敲)자를 써야할지 결론을 내리지 못하고 골똘히 생각에 잠기게 되었다.

그때 문득 무엇인가에 부딪히는 것을 느끼게 되었다. 자기가 탄 나귀가 경조윤(京兆尹:지금의 시장 벼슬)이라는 벼슬아치의 행차와 부딪히게 되었다.

이로 인하여 그는 경조윤 앞으로 불려가게 되었다. 그리고 그 일에 대한 자초지종을 설명했다. 그러자 경조윤은 알겠다는 듯이 고개를 끄덕이고는 잠시 생각에 잠기더니, 입을 열어 말하기를, "퇴자보다는 고자가 더 좋을 것 같은데,"라고 말했다. 그의 권유를 받아들여 그 후로는 僧敲月下門이라고 고쳐 쓰게 되었다. 그런데 경조윤이라는 사람은 당송(唐宋)의 8대 문인 중의 한 사람인 한퇴지(韓退之)라는 사람이었다.
(이상의 글은 이철호의 '수필 창작의 이론과 실기'에서 발췌했다.)

그 후부터 문장을 고쳐 다듬는 것을 퇴고(推敲)라고 하게 되었다.

비단 문장뿐만 아니라 예술 작품도 훌륭한 것이 되기 위해서는 수없이 많이 깎고 다듬는 과정을 거쳐서 명실상부한 명품이 되는 것이지, 바로 천의무봉한 것이 되는 것은 아니다.

글을 쓰는 일도 마찬가지다. 일획일구(一劃一句)도 손질하지 않고, 생각나는 대로 써서 내놓는 사람은 없다. 그 일은 거의 불가능한 일이기 때문이다.

언젠가 내가 아는 분에게 이런 편지를 쓴 적이 있다.

"요즘 하루하루가 따분하기 그지없습니다. 러시아의 소치(Sochi)의 하늘 아래서 펼쳐지는 설원(雪源)의 제전(祭典:동계 올림픽)은 그간 막힌 숨통을 트이게 합니다. 스포츠는 힘과 과학으로 이루어지는 인간 최고의 예술입니다. 한 점의 결함도 없이 이루어진 것이면, 천의무봉(天衣無縫:Frawless)이라 하여 극찬을 받습니다. 무엇이든 힘들여 한 것이면 다 예술입니다.

아내가 정성껏 차려놓은 밥상도 예술이고, 아내와의 잠자리도 조화와 Fusion으로 이루어진 것이면 그것 또한 사랑의 예술입니다.

이 세상 모든 일은 미친 사람들이 만들어내는 역사입니다. 미치지 않으면 그렇게 잘할 수가 없습니다.(不狂不及) 그래서 역사는 승자만을 기억합니다. 승자만이 역사의 기록 속에 남아 오래 기억됩니다. 그들이 펼치는 은반(銀盤)의 연기는 인기(人技)가 아니고 신기(神技)였습니다. 사람의 자식들이 펼치는 연기가 아니고, 요정(妖精)의 자식들이 그들의 정령(精靈)으로 펼쳐내는 신품(神品) 명기(名技)였습니다."

이 세상 모든 것은 천의무봉처럼 완전한 것은 없고, 아무 손질 없이 단번에 이루어지는 것은 없다. 피와 땀과 분골쇄신(粉骨碎身)의 노력을 기울이지 않으면 안된다. 천의무봉 같은 완전한 것은 인내와 땀의 소산이고, 수많은 시행착오(試行錯誤)를 거쳐 이루어진다는 것을 알았으면 좋겠다는 생각이 들어서 이런 제하(題下)의 글을 쓰게 되었다.

외모지상주의

외모를 잘 가꾸어 아름답게 보이려는 욕구는 누구에게나 있는 욕구다. 내가 극로(極老)에 이르렀지만 몸단장을 하는 것도 이런 욕구 때문이다.

머리가 길면 보기 싫기 전에 머리를 깎고, 수염이 길면 수염을 깎아 보기 싫지 않게 한다. 좋은 옷을 입으려 하고, 좋은 모자와 좋은 신을 신으려 함도 이런 이유 때문이다.

그러나 머리가 거의 백발에 이르렀지만, 염색하는 일은 없고, 얼굴에 미안수나 기타 다른 것을 바르는 일도 거의 없다. 얼굴은 많이 문질러 세수하는 것이 고작이지만, 사람들이 얼굴이 왜 그 모양이냐고 말하는 것을 들어보지 못했다.

손이 까칠하여 손에 무엇을 바르는 일은 없고, 손톱이나 발톱의 미장(美裝) 같은 것은 아예 여자들이나 하는 것으로 생각하고 있다.

그러고 보면 나는 참 유별난 사람이다. 천하 만민 중에 나 같은 별종은 찾아보기 힘들 것이다. 세인들은 놀랄 터이지만 조금의 허위나 거짓이 없다. 아무리 그래도 내 몸은 깨끗하고 누가 보아도 건강미 넘치는 좋은 몸이다.

딸을 키운 경험이 없는지라, 딸 키우기가 얼마나 어려운지는 잘 모르고, 그저 짐작으로 알뿐이다. 요즘 딸 놈들 중에 검은 머리 그대로 하고 다니는 놈은 거의 없고, 색색으로 물을 들여 빛을 내고, 머리의 길이도 너무 길다할 정도로 늘어뜨리고 다닌다.

언젠가 며느리에게 오늘 저녁에는 가위를 준비하라고 했더니, 왜 그러느냐는 것이었다. 저놈이 잠이 들면 머리를 좀 잘라야겠다고 했더니, "아버님, 안돼요. 그랬다간 나 저놈에게 부대껴서 못살아요."라고 하는 것이었다.

여식(女息)들은 철이 들기 시작하면서부터 외모를 다듬기 시작하고, 한번 발라서 보기 좋다고 느껴지면, 계속해서 그렇게 하려고 하니, 어지간히 벌어서는 그놈들 뒷바라지하기가 힘들게 되었다.

부모야 어찌되든 나만 좋으면 된다는 생각이다. 얼굴 어느 곳이 부실하다 싶으면 가차 없이 칼을 대서 깎고 다듬는다. 낮은 곳이 있으면 올려 세우고, 높은 곳이 있으면 깎고, 심지어는 턱이 이상하다 싶으면 양악수술인가 뭣인가를 하여 턱을 뜯어 고친다. 얼굴에 골이 패이면 그대로 놔두지 않고, 어느 곳이든 마음에 들지 않으면 무슨 수를 써서라도 뜯어고쳐 직성을 푼다. 그러다가 잘못되면 울고불고 난리가 나고, 심지어는 자살 소동을 부리기도 한다.

외모지상주의의 시대가 왔다. 예쁘게만 보인다면 부모의 사정이 어떻든 상관하지 않는다. 사람의 부위 중에 제일 움직임이 심한 곳이 목이다. 목은 좌우로 움직이고 상하로 움직여야 무엇인가를 볼 수 있다. 그런 움직임은 잠자는 시간을 제외하고는 하루 종일 계속된다. 그러다 보니 목의 주름은 늘고, 목의 주름은 곧 인생의 나이 바퀴가 된다. 나의 목도 인생연륜(人生年輪)이 수없이 그려져 있어서, 나이를 묻지 않고도 내가 얼마의 수(壽)를 살고 있는지를 알 수 있을 것이다.

얼굴에는 노태가 덕지덕지 끼어 있어서 그간 흐른 세월의 여적(餘跡)

을 느끼게 한다. 이를 고쳐 고목(枯木)이 봉춘(逢春)하듯 회춘(回春)을 할 수 있으면 좋으련만, 그런 꿈은 부질없는 허몽(虛夢)인 것을 어찌 모르는가.

무엇이든 있는 그대로가 좋고, 아무리 잘 뜯어 고친다 해도 잠시이고, 조금만 세월이 흐르면, 세월은 더 큰 세력으로 밀고 들어와 뜯어고친 곳을 샅샅이 뒤져 드러낸다. 있는 그대로에 감사하고, 있는 그대로를 잘 가꾸어, 하늘을 향해 한 점 부끄럼 없이 살기를 기원한다.

"자연을 보라. 그리고 자연이 가르치는 길을 따라 가라. 자연은 쉼 없이 우리를 단련시키고 허문다."(J.J. 루소)

노인은 노인의 본래 모습이 아름답고, 현재의 그 모습은 끊임없이 단련시키고 허물어 나타난 결과다. 자연을 거역하려다간 자연에게 무참히도 당한다.

머리털 하나 살갗 하나도 부모에게서 물려받은 것이니, 이를 손상하면 불효가 크다 하였다.(身體髮膚 受之父母 不敢毁傷 孝之始也)

윗글은 옛날 이야기이지만, 지금 이 이야기에 순응하며 살 자는 아무도 없다. 이 이야기를 수없이 많이 썼지만 귀담아 듣는 자는 아마 없을 것이다. 이제는 힘없이 지껄이는 애처로운 이야기가 되었다. 이런 말을 지금 함부로 했다간 본전도 못 찾는 세상이 되었다. 외화내허(外華內虛)의 물결은 어찌나 도도하던지 막을 길이 없다.

겉모양이 좋고 속도 좋으면 그보다 더 좋을 것이 없지만, 그러지 못하니 마음은 늘 쓸쓸하다. 아름다운 마음이 밖으로 새어나와 얼굴이 아름답게 보이면, 이보다 더 좋은 일이 없다.

하고 싶어도 하지 못하고, 때로는 하기 싫어도 해야 한다. 그것이 곧 인간 사회다. 사람은 자기가 하고 싶은 대로 하며 살려고 한다. 사람들은 그것을 자유라고 하지만, 자기가 하고 싶은 대로 하며 사는 것을 자유라 하지 않는다. 자유에는 절제가 수반한다. 절제 없는 자유는 방종이고, 방종은 자기를 타락시키고 내 가정을 파괴한다.

외모는 마음의 거울이라고 한다. 아름다운 마음을 가지면 그의 외모 또한 아름답게 보인다. 마음은 썩었는데도 외모는 비단옷 단장을 하고 나타난다면 그것 참 꼴불견이다.

지금은 겉에 우수(憂愁)와 비애(悲哀)가 내다 보여도 속에 기쁨과 행복이 넘쳐흐르면, 언젠가는 희망의 빛이 새어나올 것이다.

마음가짐이 성실하면(誠於中) 겉으로 드러나 좋게 보인다.(形於外) 그런고로 군자는 혼자 있을 때에도 몸과 마음가짐을 조심해야 한다. 그래서 군자는 필신기독야(必愼其獨也)라는 글귀를 남겼다. 참 좋은 글귀다. 귀감삼아 살면 참 좋을 것 같다.

외모를 가꾸는 일에 열을 올릴 일이 아니요, 먼저 마음을 갖추는 일에 힘을 써야 한다. 그러면 그것이 밖으로 새어 나와 밖을 아름답게 할 것이다. 부모님에게서 타고난 그대로에 감사하고 그것을 잘 가꾸어 살면, 그것이 진짜 아름다운 것이 될 것이다.

이런저런 이야기

지금은 스마트폰의 시대다. 스마트폰을 가지고 있지 않는 사람은 거의 없다. 몇 년 사이에 세상을 이렇게 크게 변화시키리라고는 생각지도 못했다.

어린 꼬마로부터 노인에 이르기까지 이걸 가지고 있지 않는 자가 없으니, 이 세상을 휘어잡는 위대한 지배자가 되었다.

자리에 앉으면 제일 먼저 그것부터 꺼내든다. 걸어가면서도 즐기고, 심지어는 밥을 먹으면서도 즐긴다. 촌분의 여유만 있어도 그걸 열어놓고 즐긴다. 재미있지 않고서야 결코 그럴 수가 없을 것이다.

스마트폰은 쾌락 추구의 도구가 되었다. 몇 번의 손가락의 유희로 원하는 것이 다 나오니, 마치 마법사의 마법 행위나 다름이 없다. 세상천지에 이렇게 재미있는 것이 있을 수가 없다.

이것을 좇는 사람들은 다른 중요한 것이 있어도 다 제쳐놓고 이걸 즐긴다. 시작했다 하면 몇 시간이고 시간 가는 줄을 모른다. 사람들이 즐기는 다른 쾌락의 수명은 오래 가지 못하지만, 이것만은 다르다. 쾌락의 미혹만큼 무서운 것도 없다.

우리들 모두도 부모님의 쾌락의 소산이다. 그분들의 쾌락이 아니었더라면, 우리들은 이 세상에 나오지도 못했을 것이다. 이 세상에 쾌락이 없으면, 세상을 사는 재미도 없을 것이다. 그래서 잠시지만 땀을 빼며 즐기다가 기운이 빠지면 그때서야 손을 놓는다.

기차간에서의 일이다. 한 젊은이가 내 옆에 와서 앉더니, 스마트폰을 꺼내 즐기기 시작했다. 재미있느냐고 물었더니 그렇다고 했다. 얼마나 재미 있느냐고 물었더니 말로는 표현하기가 어렵다고 했다. 그 마음과 열정으로 책을 읽으면 어떻겠느냐고 했더니, 옳은 말씀이라고 했다. 이놈이 우선은 더 좋으니, 이놈하고 잠시 즐기다가, 다음에 내가 해야 할 일을 찾아서 하겠노라고 했다.

때로는 낭비로 여겨질 때도 있어서, 이놈의 유혹에 계속 매달리지는 않는다고 했다. 참 차분하고 참한 젊은이 같았다. 이놈에게 질 줄도 알아야, 이길 줄도 알게 된다. 적을 이기는 자만이 용감한 것이 아니고, 쾌락을 이기는 자도 용감한 자가 된다. 이놈 때문에 우리의 생활의 근본이 위협을 받아서는 안된다.

이 쾌락에 너무 깊이 빠져서 오래 즐기고 나면, 애수(哀愁)가 짙게 남아 우리를 허전하게 한다. 점심을 너무 잘 먹으면 저녁밥이 맛이 없어진다. 기왕 친구처럼 옆에 있으니, 너무 좋아하지도 말고, 너무 멀리하지도 말아야 한다.(不可近 不可遠)

그 속에는 보석처럼 귀한 것도 많이 들어 있으니, 너무 깊이 빠지지 말고 그놈과의 화친을 잘 맺어 잘해봄이 어떨까 한다.

충성이 너무 지나쳐도 미움을 사고, 우정이 너무 지나쳐도 곧 싫증이 난다. 너무 긴 것은 잘라내야 하고, 너무 짧은 것은 보태서 보완해야 한다.(絶長補短) 무슨 일이든 너무 지나쳐도 미치지 못하고, 너무 처져도 미치지 못한다.(過猶不及) 도를 넘으면 흥이 깨져서 아름답게 보이지 않는다.

*　　　*

나에게도 손자, 손녀가 여럿이 있다. 그 중에는 대학생도 몇 명이 있다. 저희들 엄마 아빠가 한 때는 애먹었을 터이지만, 지금은 잘들 하는 것 같다. 모두가 부모를 공경하고, 형제간에 우애하고, 할아버지인 나에게도 참 잘한다. 이놈들이 또 어떻게 변할지는 알 길이 없지만, 잘하리라는 기대감은 크다.

요즘 젊은이들 중엔 잘하는 놈들도 많지만, 잘못 건드렸다간 크게 봉변을 당하는 수도 있다. 내가 지나가도 버젓이 서서 담배를 피운다. 아무 말도 하지 못하고 그냥 지나쳐 버린다. 세상이 참 무서워졌다. 부모가 자식을 함부로 하지 못하고, 자기들이 하고 싶은 대로 하라고 그대로 놔둔다.

매를 아끼면 자식을 버린다는 시대는 이미 지나갔다. 부자유친(父子有親)의 관계를 유지하면서 살면 좋으련만, 그렇게 잘 되지 않는다. 권위나 힘으로 자식을 지배하려 할 것이 아니요, 서로 사랑하고 공경하며 사는 가족관계가 유지되었으면 한다.

젊은이들 중에 열심히 사는 놈들도 많고, 아는 것도 꽤 많아 어른들을 놀라게 한다. 잘 가꾸어 국가의 좋은 동량재(棟樑材)가 되었으면 한다. 젊은이들이 무식하다고 함부로 폄하(貶下)했다간 큰 일이 일어난다.

나는 모르는 것이 있으면 젊은이들에게 기탄없이 물어본다. 아랫사람들에게 물어 보는 것을 부끄러워하지 않으니(不恥下問) 참 잘하는 것 같다. 윗사람이 아랫사람에게 터놓고 자기의 잘못을 이야기하는 것을 하방선언(下放宣言)이라고 한다. 그렇게 되면 윗사람과 아랫사람 간의 관계가 허물없이 이어져서 그 관계가 훨씬 더 좋아질 것이다.

세상이 어찌나 빠르게 변하던지 가늠하기가 어렵다. 얼마 후면 스마트폰을 능가하는 초능력이 나와 인간을 지배할는지도 모른다. 그렇게 되면 우리 가정은 어떻게 되고, 우리의 주변은 어떻게 될지 두려운 생각이 든다.

우리가 사는 이 세상은 우리의 마음을 잃지 않고 사는 세상이어야 하고, 누군가가 옆에 있으면 믿고 따뜻한 느낌을 주는 세상이어야 한다. 온 가족이 서로 사랑하고, 옆에 있어도 그리워지는 그런 가족관계가 이루어졌으면 한다. 남편과 아내 사이는 이 세상에서 가장 가까운 사이여야 하고, 남편과 아내가 늘 반해 있을 때, 가정은 늘 따뜻하고 살기 좋은 곳이 된다.

이 세상에 아름다운 사람들이 많다. 그들이 있어, 세상은 살기 좋은 곳이 된다. 아름다운 사람들은 마음이 따뜻한 사람들이고, 자기를 바쳐 가정과 세상을 위해 묵묵히 일하는 사람들이다.

우리는 우리 자신에게 먼저 진실해야 한다. 왜냐하면 진실보다 더 위대한 가치는 없기 때문이다.

진실의 빛은 허위의 벽을 뚫고 나와, 이웃과 세상으로 번져나가 세상을 변화시킨다. 진실한 사람은 혼자 있을 때에도 남 앞에 있는 듯 행하고, 남이 나의 모든 구석을 드려다 보아도 부끄러움이 없다.

아름다운 사람들은 그들의 가정과 나라와 세상을 움직이는 사람들이다. 이 세상이 그들로 가득 찰 때, 더 오래도록 살고 싶은 생각이 든다. 우리 모두가 아름다운 사람이 되어, 세상을 빛내는 사람이 되기를 기원하면서 이만 줄인다.

붙박이 생활

사람이 건강하려면 첫째 과식을 해서는 안되고, 둘째 간식을 해서는 안되고, 셋째 야식(夜食)을 해서는 안된다고 한다. 옛날에는 밥이 없어서 못 먹었지만, 요즘은 먹을 것이 넘쳐서, 입맛대로 먹다간 과식은 물론 폭식을 하게 된다.

밥을 조금 더 먹고 싶다고 생각될 때, 숟가락을 놓으라고 하지만, 미각(味覺)처럼 무서운 것도 없어서 이를 억제하지 못하고 산다. 그러다 보니 몸은 서서히 불어나 감당하지 못할 지경에 이른다.

나도 과체중이 된지 오래여서 나를 아는 사람들이, 가끔 경고음을 발하여 조심하라고 하지만, 그러지 못하고 산다. 평소에 운동을 열심히 한 탓에, 그런대로 지금의 체중을 유지하고는 있지만, 그러지 안했더라면 돈족(豚族)처럼 뒤뚱거리며 살고 있을 것이다.

내 나이가 산수(傘壽)를 넘은지라, 나이에 맞게 체중을 유지해야 하지만, 그처럼 어려운 일도 없다. 나이가 더 들수록 기력은 날로 쇠하여져서 이를 막아보려는 노력은 치열하지만, 그 일 또한 잘 되지 않는다. 종전부터 해 오던 대로 열심히 하며 살다가 마지막 자연의 길을 좇아갈 수밖에 없다.

정해진 시간에 어김없이 일어나, 밖으로 나가 지금껏 해오던 트랙 돌기를 해야 한다. 이 일은 붙박이처럼 지금껏 해오던 일이다. 나와 같은 또래의 사람들이 많아서 우접이 된다. 여름인지라 1시간 정도 돌다 보면 온 몸에 땀이 고인다.

몸을 씻고, 밥을 먹고, 신문을 읽고, TV를 틀어 세상 돌아가는 사정을 살핀다. 어쩌다가 친구들 모임에도 나가고, TV 중에 드라마 한두 개는 꼭 끼워서 본다. 그러다가 생각이 떠오르면 글도 쓰고, 필요한 책도 뒤적인다. 무료(無聊)할 때도 있지만, 그럴 때마다 오수(午睡)로 간극(間隙)을 메운다.

입맛이 없으면 집사람과 같이 밖에 나가 외식을 하고, 드라이브로 가고 싶은 곳에 가서 바람도 쐬고 들어온다. 얼른 보기엔 선인(仙人)들의 선유(仙遊)처럼 느껴지지만, 게으른 선비가 책장을 넘기듯 따분하기 그지없을 때도 있다.

저녁 외출은 거의 하지 않는다. 밤에는 시계(視界)가 좁아지고, 집중력이 약한지라, 차로부터 수난을 당하기 쉽다. 언젠가 밖에 나갔다가 오토바이에 치어 죽을 뻔 했다. 일어나서 보니 그놈은 이미 사라지고, 죽지 않은 것에 감사하며 옷을 털고 일어났다.

교회가 생긴 지 45년이 되었다고 45년사(史)를 써달라는 부탁을 받아 거의 완성했다. 대상포진을 앓다가 요즘은 마음이 좀 가벼워져서, 이렇게 다시 내가 쓰는 글을 쓰고 있다. 대학 교수로 있는 큰아들은 벌써 400~500페이지에 달하는 메머드 전공서적을 7~8권을 썼고, 어떤 책은 교육부에서 우수 도서로 선정이 되어 전국 서점에 배포되어 있다.

나는 번역물을 2권을 썼고, 수필집을 9권 썼으며, 교회사까지 합치면 10권을 썼다. 큰아들에게 11권 차의 책을 이미 시작해서 거의 다 썼노라고 했더니 깜짝 놀라는 것 같았다. 책이 나올 때마다 보내주었지만,

자기 일이 아닌지라 건성으로 여기는 것 같다.

나이 많다고 무위도식(無爲徒食)으로 세월을 허송하지 않고, 이렇게 붓을 굴려 밥값이라도 하며 사니, 인생 말년의 일치고는 괜찮은 일 같기도 하다.

어떤 날은 몸이 천근만근 무겁지만, 억지를 써서 다른 동료들 틈에 끼어 트랙을 돈다. 몸은 좀 학대를 해야지, 그 놈이 하자는 대로 했다간 큰일이 일어난다. 몸은 한없이 편할려고 하지만 그랬다간 그놈의 노예가 된다. 그러다가 잘못하여 눕기라도 하면, 영원히 누워 움직이지 못하면 죽는다.

오늘날 내가 이렇게 건강을 유지하며 살고 있는 것은, 싫어도 그 시간이면 꼭 일어나 트랙 돌기를 붙박이처럼 하며 살고 있기 때문이다.

내가 다달이 내는 건강보험료는 꽤 많지만, 병원신세를 지지 않고 사니, 내가 낸 돈은 다른 사람에게 쓰여질 것이라 생각하니, 적선을 하는 것 같아 그 기쁨이 크다.

한 번도 병에 걸려보지 않은 사람이 먼저 죽는다는 말이 있다. 병이란 예고 없이 불시에 오는 것이어서, 언제 어떤 병이 달려들어 나의 마지막 명줄을 죌는지는 모른다. 병은 올 때는 말을 타고 오나, 갈 때는 걸어서 나간다(Sickness comes on horseback and departs on foots.)고 한다.

이 세상에서 가장 불행한 사람은, 평생 동안 한 번도 병을 앓아본 적이 없는 사람이라고 한다. 병을 앓아봐야 건강의 중요성을 알 수 있다 하여 하는 말일 것이다. 건강의 중요성을 모르고 사는 것은, 곧 생활의 맛을 모르고 사는 것과도 같다.

내 어찌 감기나 독감 같은 잔병치레조차 하지 않았겠는가만, 이 세상에서 가장 불행한 사람이 된다 해도 큰 병을 오래 앓아눕는 일이 없었으면 한다. 밤새 연고의 병고에 시달리다가 하룻밤 사이에 가는 고종명(考終命)의 호팔자나 누렸으면 한다.

병이 심해서 회복할 가망이 없어지면, 병이 고황(苦況) 또는 고맹(膏盲)에 들었다고 한다. 한 가지 일에 골몰하다가 그 일에서 빠져나오지 못하게 되면, 그때도 고황에 들었다고 한다.

내 나이가 많은지라 큰 병에 걸려 고황에 빠질 일이 있겠지만, 조심조심 살다가 염라대국(閻羅大國)의 황제의 호출에 따라 갈 준비를 해야겠다.

특별히 오라는 곳이 없어, 하루 종일 집안에서 뒹굴며 사니, 삼식(三食)이의 불명예를 얻어 산다. 아내가 새끼 밥을 꼬빡꼬빡 장만해서 대령하니, 짜증은 날 것이지만, 인생 말년의 서로의 처지를 잘 아는지라, 군소리 없이 잘해준다.

아내가 해주는 밥이나 반찬은 늘 천하의 별미인지라, 내 어찌 밥이나 반찬 타령을 하겠는가. 더군다나 나의 이 꽉 막힌 붙박이의 처지를 잘 알고 있는지라, 반찬 타령 같은 것은 우리집에서 실종된 지 오래다. 그저 감사한 마음으로 잘 먹고 살 것이고, 삼식이의 외로움과 꽉 막힌 붙박이의 생활을 기쁨으로 달래며 살고자 한다.

마부작침(磨斧作針)

도끼를 갈아 바늘을 만든다

마부란 말은 도끼를 간다는 뜻이고, 작침이란 바늘을 만든다는 뜻이다. 합하여 해석하면 도끼를 갈아 바늘을 만든다는 뜻이니, 그런 노력과 인내로 세상을 살라 하여 하는 말이다.

이와 비슷한 말로 승거단목(繩鋸斷木)이라는 말이 있다. 노끈으로 톱질하여 나무를 자른다는 말이다. 승은 노끈을 말하고 거는 톱을 말한다. 승거란 노끈으로 톱질하는 것을 말하고, 단목이란 나무를 자르는 것을 말한다.

열심히 행하며 살자 하여 이 두 글귀를 권하니, 힘이 다하여 살기 어려울 때, 상기하여 살기를 바란다.

아무리 무엇을 하고자 해도 노력하지 않으면 이룰 수가 없다. 자기의 재주만을 믿을 것이 아니요, 재주는 없어도 꾸준히 노력하면, 하고자 하는 바를 이룰 수 있다. 작은 물방울이 떨어져 돌에 구멍을 내고(水滴石穿), 우공이 노력하여 산을 옮겼다는 우공이산(愚公移山)의 고사는 우리가 본받고 살아야 할 좋은 글귀들이어서 여기에 권하니 귀감 삼아 살기를 기원한다.

가정과 나 사이

옛날 사람들은 70세까지 사는 사람이 드물었다. 그래서 인간 칠십 고래희(古來稀)라고 하였다. 사람의 나이 60세는 이순(耳順)이라 하였고, 50세는 지천명(知天命)이라 하였다. 40세는 불혹(不惑)이라 하였고, 30세는 이립(而立)이라 했으며, 20세는 약관(若冠)이라 하고, 15세를 지학(志學)이라 하였다.

지학이라는 말은 학문에 뜻을 둔다는 뜻이고, 약관이라는 말은 약년(弱年)이라고도 하여 나이가 아직 어리다는 뜻이다. 이립이라는 말은 스스로 일어서서 자립할 수 있는 나이가 되었다 함이고, 사람의 나이가 불혹이 되었다 함은 세상의 어떤 미혹(迷惑)에도 굴하지 않고 당당하게 맞서 이길 수 있는 나이가 되었다 함이다. 나이 50세가 되면 하늘의 뜻이 무엇인가를 알고, 천지운행(天地運行)의 이치를 알 수 있는 나이가 되었다 함이다. 그래서 50의 나이를 지천명이라 하였다.

나이 60세가 되면 생각하는 것이 원만하여 어떤 일을 들으면 곧 이해가 된다하여 이순이라 하였고, 어지간히 악한 말도 다 순하게 들을 수 있는 나이가 되었다 함이다.

70세까지는 사람의 나이를 이렇게 나누어 단계적으로 표시했다. 70

세를 넘어서 사는 사람이 없었던지라, 70세 이후의 나이는 거의 단계적으로 구분하여 계산에 넣지 않고 살았다.

지금은 100세 시대인지라 70세 이후의 나이도 구분하여 계산에 넣어 놓았다. 옛날 선인들은 앞으로 나타날 세상의 추이(推移)를 미리 알고서 100세까지를 구분하여 정해 놓았다.

80세는 우산을 써야할 나이이고, 우산을 쓰지 않으면 밖으로부터 오는 재앙을 막을 수 없다 하여 산수(傘壽)라고 하였다. 80세는 아무나 넘을 수 있는 호락호락한 나이가 아니고, 힘들어 넘지 않으면 넘을 수 없는 험령(險嶺)이고, 잘못하다간 부부 두 사람 중 한 사람은 가고, 혼자 넘어야 하는 외로운 고개(孤嶺)이기도 하다.

81세가 되면 90세도 바라볼 수 있다 하여 망구(望九)라 하고, 91세가 되면 100세도 바라볼 수 있다하여 망백(望百)이라 하였다. 정작 100세가 되면 백수(百壽) 또는 천수(天壽)라고 하지만, 하늘이 점지하지 않으면 결코 넘을 수 없는 고개라는 뜻이다.

요즘에 어느 문헌을 봤더니 80세는 하수(下壽)라 하고, 100세는 중수(中壽), 120세는 상수(上壽)라고 구분하여 기록한 것을 보면, 120세의 시대가 도래(到來)하고 있음을 예측케 한다.

100세의 시대에 100세에 대한 소망은 누구나의 소망이지만, 혼자 넘어서는 별 의미가 없고, 금석맹약(金石盟約)으로 부부가 뜻을 합하여 같이 넘어야 100세의 영광을 누린다 할 것이다.

*　　　*

인생 말년은 축복이 아니고 고통이다. 그리고 그 고통은 죽는 날까지 이어진다. 그 고통의 첫째는 빈곤이요, 둘째는 병고이고, 셋째는 고독이다. 이를 노년삼고(老年三苦)라고 한다.

빈곤 중에서도 말년의 빈곤은 무서운 빈곤이고, 병고는 더 무서운 고통이다. 빈곤과 병고가 겹쳐서 오면 처참하다 할 만큼 무서운 고통이다. 이런 모든 것이 잘못되어 오는 고독은 심연(深淵)의 나락(奈落)에서 허덕이는 것 같은 무서운 것으로 처참하기 이를 데 없다.

인간관계는 가까운 사람들 간의 관계다. 친척이 제아무리 가깝다 해도 멀리 떨어져 있으면 이웃보다 못하다.(遠親不如近隣) 뭐니 뭐니 해도 이 세상에서 가장 가까운 사람은 아내요 자식들이다. 아내에게 잘하고 자식들에게 잘하면, 아무리 힘든 말년도 덜 힘들게 살 수 있을 것이다. 좋은 아내가 옆에 있고, 좋은 자식들이 옆에 있으면 말년이 제아무리 고통스럽다 해도 덜 고통스럽게 살 수 있을 것이다.

남편과 아내는 별개의 독립된 인격체이니 서로 존중하며 살아야 한다. 아내는 나를 위해서 들어온 사람이라 하여, 함부로 부려 먹어서는 안 되고, 서로의 영역을 부당하게 침범해서는 안 된다. 남편과 아내의 관계는 종속적 지배관계가 아니고, 힘의 원리가 지배되는 관계가 아니다.

부모는 뭐니 뭐니 해도 희생의 화신이요 희생의 대명사다. 자식이 잘되는 일이라면 모든 희생을 감내(甘耐)하고 만난을 무릅쓴다. 이렇게 길러서 밖으로 내보내면 부모를 잊지 못하고 그리워하며 산다. 방안에서 부모 생각이 나면 밖으로 뛰쳐나와 구름을 쳐다보며 그리운 정을 구름에 띄워 보낸다. 이런 정을 망운지정(望雲之情)이라고 한다.

짐승이라 하여 다를 바가 조금도 없다. 어미 소가 송아지를 낳으면 몸에 묻어 있는 분비물을 핥아서 깨끗하게 치워준다. 이런 현상은 단순한 물리적 현상이 아니고, 그러는 사이에 어미 소와 송아지 사이에 정이 흐른다. 이런 정을 지독지정(舐犢之情)이라고 한다.

가정은 정이 흐르는 곳이고 사랑이 흐르는 곳이다. 가정에 정이 흐르지 않으면 가정보다 더 살기 힘든 곳은 없다. 왜냐하면 가족은 매일 만나는 사람들이고, 매일 만나는 사람들이 정이 없이 만나는 것보다 더 고통스러운 일은 없기 때문이다.

이스라엘 사람들이 생활 경전으로 믿고 있는 '탈무드'라는 책이 있다. "너희들 집에 노인이 없거들랑 이웃집에서 빌려다가 모셔라. 노인을 모시는 축복보다 더 큰 축복이 없느니라."라고 하였다.

노인들이 밀리고 있고 부모들이 자식들로부터 밀리고 있다. 어떤 사람은 낙엽처럼 밀린다고 했다. 마른 낙엽은 빗자루로 쓸면 잘 쓸어지지만, 젖은 낙엽은 잘 쓸어지지 않는다. 밀리지 않으려는 힘과 밀어내려고 하는 힘 사이에 큰 싸움이 벌어진다. 싸움 중에서도 가장 처절하고 쓸쓸한 싸움이 벌어진다.

* *

가정은 이 세상에서 가장 소중하고 아름다운 곳이다. 가정이 아름다운 것은 그 속에 가족이 살고 있기 때문이다. 가족이 아름다운 것은 그들이 서로 사랑하며 살기 때문이다.

가정은 세상의 중심이고, 남편과 아내 또한 가정의 중심이다. 남편과 아내가 가정의 중심에 확실하게 설 때 그 가정은 흔들림 없는 튼튼한 가정이 된다.

엄마와 아빠가 이 세상에서 가장 친한 사이인 것을 알 때, 자식들은 행복감을 느끼고, 정서적으로 안정감을 느낀다. 어머니는 가정의 태양이고, 어머니가 집안에 있으면 가정은 늘 대낮처럼 밝은 곳이 된다. 자식들은 밖에서 놀 때 편안한 마음으로 놀고, 제아무리 멀리 떨어져 있다 해도 마음은 늘 구심력으로 집으로 끌린다.

부모에게 효도 잘한 자 치고 잘못되는 자는 없고, 부모에게 잘못하는 자 중에 잘되는 자는 이 세상에 없다. 가정은 이 세상에서 가장 작은 단위이지만 절대적 단위이다. 가정에서 잘 가르쳐 세상에 내보내면, 밖에 나가서도 잘할 수 있는 모든 요건들을 가정은 다 갖추고 있기 때문이다.

가정은 사랑을 가르치고, 사랑을 배우는 사랑의 학교다. 이 사랑의 학교가 잘 운영될 때 가정은 살기 좋은 곳이 되고, 행복의 요람지가 된다. 세상의 모든 가정이 가화(家和)를 이룬 가운데에서 하고자 하는 모든 일을 잘 성취하기를 기원하면서 이만 줄인다.

남가일몽(南柯一夢)

한때의 부귀영화도 지내놓고 보면 허황한 꿈과 같다 하여 이를 남가일몽 또는 괴몽(槐夢)이라고도 한다.

100세가 어찌 짧은 세월이겠는가만 지내놓고 보면, 일순으로 흘러가 버린 것처럼 느껴진다. 그래서 많은 사람들이 많은 말로 세월의 빠름을 표현하며 살았다.

세월의 흐름이 물의 흐름과 같이 빠르다 하여 광음여류(光陰如流)라 했고, 세월의 흐름이 마치 손가락 끝을 튀기는 동안과 같이 빠르다 하여 탄지지간(彈指之間)이라고 하였다.

세상만사가 마치 꿈과 같다고 하여 만사개여몽(萬事皆如夢)이라 하였고, 나는 새가 눈앞을 스쳐가는 것과 같이 빠르다 하여 여조과목(如鳥過目)이라고 하였다.

신분이 천한 집의 자제가 귀한 집의 규수와 꿈에서 만나 사랑을 즐기는 행복을 누렸으면 선유일침(仙遊一枕)이라 하였다. 세월의 흐름이 덧없다고 느끼지 않는 자 없는지라, 이런 표현들이 그지없이 많아 이를 여기에 다 매거(枚擧)할 수가 없다.

중국 고사에 노생(老生)이라는 사람이 한 도사(道士)의 베개를 빌려 잠이 들었다. 그 사이에 명가의 딸을 아내로 맞이하여 재상의 자리에까지 올라 부귀영화를 누리는 꿈을 꾼다. 꿈에서 깨어 눈을 떠보니 자기는 여전히 도사의 베개를 베고 있었고, 도사 또한 여전히 자기 옆에 앉아 자기를 쳐다보고 있었다. 그런가 하면 자기 전에 끓이던 황량(黃粱)은 여전히 부글부글 끓고 있었다.

그러면 이 글의 제목인 남가일몽이란 도대체 어떤 것인지 알아보고자 한다.

옛날 중국에 분(棼)이라는 사람이 있었다. 그의 집 남쪽에는 커다란 느티나무 고목이 있었다. 분이 술에 취해 그 나무 밑에서 잠을 자고 있었을 때, 두 사신이 나타나서 "국왕이 당신을 부르십니다."라고 말을 했다. 그러자 분은 사신을 따라 느티나무의 굴속으로 들어가 보니, 굴속에 국왕이 앉아 있었다. 그 국왕이 분을 보고 하는 말이, 남가군(南柯郡)의 정사가 어지러우니, 군의 태수(군수)가 되어 달라고 한다.

분이 남가군의 태수가 되어 다스린 지 20년이 되어서야, 국왕은 그가 귀향해도 좋다는 허락을 한다. 귀향을 했는데도 그는 여전히 느티나무 밑에서 자고 있었다. 느티나무 밑에 구멍이 나 있어서 그 구멍을 따라 들어가 보니, 그 구멍 안에는 널찍한 터가 있었고, 그 넓은 터 안에는 한 마리의 커다란 개미가 있었다. 그 개미가 다름 아닌 국왕이었다.

또 하나의 구멍을 찾아들어가니, 그 구멍은 남가(南柯:남쪽 나뭇가지)를 향해 있었다. 여기가 바로 다름 아닌 분이 다스린 남가군이었다.

지금까지의 이야기가 분이 술에 취해 꾸었던 꿈으로, 이 꿈을 남가일몽이라고 한다. 남가일몽이란 일장춘몽(一場春夢)과 같이 허망한 것으로, 덧없이 흘러간 한 때의 부귀영화를 말한다.

아무리 잘 살았다 해도 그것을 누리는 과정은 그렇게 순탄하지만은 않고, 영고성쇠(榮枯盛衰)와 부침(浮沈)을 거듭하며 산다. 그러나 남이 보기에는 화려하게 보여 다들 부러워하니, 이것이 곧 우리가 사는 세상이다.

법정스님과 같은 분은 사람이 태어나는 것은 한 조각의 구름이 일어나는 것이요(生也一片浮雲起), 사람이 죽는 것은 한 조각의 구름이 사라지는 것이라고 하였다.(死也一片浮雲滅)

생을 하직하고 떠나려 하니, 그간의 생이 허망하게 느껴져서 이런 글귀를 남겼을 것이다. 그간 세상을 위해 많은 일을 했지만, 죽은 뒤에는 한 줌의 부토(腐土)가 되어 이 세상에 온 흔적마저 없어진다. 어느 철인(哲人)도 인생은 무(無)요, 무의 심연(深淵)에 걸쳐진 존재라고 한 것도, 그간 발버둥 치며 살았던 인생이 허무하게 느껴져서 그랬을 것이다.

"상시(常時)에 먹었던 밥이 꿈에도 있더라."라는 말이 있다. 평상시에 가지고 있던 생각이 꿈속으로 들어가 꿈에 나타난다 하여 하는 말이다. 생활이 어려운 사람은 늘 부귀영화를 그리며 살고, 고관대작(高官大爵)의 행차를 부러워하며 산다. 그런 생각이 꿈으로 들어오면 잠시지만 행복을 누리는 시간이 된다.

나도 비슷한 처지의 인생역정(人生歷程)을 밟으며 산지라, 그런 꿈을 수없이 꾸며 살았다. 남가지몽의 부귀영화를 꿈속에서나마 잠시 즐겼으니, 허망하기는 했어도 행복한 시간이었음에 틀림이 없다.

어느 원로 정치인에게 정치란 무엇이냐고 물었더니 서슴지 않고 "그저 남가일몽이지 뭐!"라고 대답하는 것을 들었다. 번쩍이는 차를 몰고 다니고, 수많은 사람들이 굽실거리며 받드니, 참으로 선망(羨望)의 대상일 것이다. 그래서 그 자리를 차지하려고, 목숨을 걸고 덤빈다. 그러다가 그 자리에서 물러나 초야(草野)에 묻히면 지난 세월의 화려함도 남가지몽의 한낱 허망한 꿈이 된다.

신라의 천년사직은 길고 긴 세월이다. 고구려와 백제를 통합하여 삼국 통일의 대업을 이룩한 피와 땀의 대역사(大役事)다. 그렇게 이룩한 천년 사직도 뒤돌아보니 남가일몽의 한 꿈으로 사라진 역사다. 세상일 모두가 다 그렇게 허망한 것인 걸 어찌 하겠는가. 모두가 다 인간의 유한성에서 비롯된 아쉬운 감회이기도 하다.

사람은 만고풍상을 겪으며 산다. 아무리 잘 산다 해도 태평연월(太平烟月)이 늘 계속되는 것은 아니다. 팔자가 좋아 부귀영화를 누리며 살았다 해도 지내놓고 보면 모두가 다 한때의 허망한 꿈이다.

그간 나도 우여 곡절을 겪으며 살았지만 별탈 없이 산 것에 감사한다. 그간의 긴 인생 여정이 일순으로 덧없이 흘러갔다. 얼마 남지 않은 여생이지만 일각(一刻)을 삼추(三秋)처럼 아끼며 힘차게 살면 덜 허망하게 느껴질 것이다.

인생의 구극(究極)은 죽음이지만, 그래도 인생은 굉장한 것이다. 흘러가는 구름 속에는 인생은 없다. 인생은 남가지몽의 허무한 것만으로 점철되어 있지는 않다. 고통도 있고 행복도 있지만, 늘 만족하는 생활은 없고, 늘 평탄한 길은 더더욱 없다. 괴로워하는 법을 알고 슬픔을 이기며 사는 자가 가장 잘 사는 자가 될 것이다.

작은 것이 정밀하고 세차다(短小精悍)

무엇이든 작은 것보다 큰 것이 좋을 때가 많다. 황새걸음이 뱁새 걸음보다는 빠르고, 다리가 긴 자가 짧은 자 보다는 더 빨리 걸을 수 있다. 시렁 위에 얹어놓은 음식도 키가 큰 자가 훨씬 더 수월하게 내려 먹을 수 있다. 나의 키는 175cm나 되는지라 키가 작은 사람들보다는 더 편하게 살고 있다.

키나 몸집이 크면 비좁은 공간에 끼어들기가 더 어렵고, 옷도 큰 옷을 사야 하고, 신도 더 큰 신을 사서 신어야 한다. 먹는 음식도 아무래도 많이 먹어야 큰 몸매를 유지한다.

남녀가 선을 보게 되면 제일 먼저 몸매나 키의 크고 작음을 보게 된다. 너무 커도 안되지만 너무 작아도 안된다. 키가 크다고 해서 꼭 키가 큰 상대를 고르는 것은 아니고, 때로는 어울리지 않게 작은 상대를 골라서 산다. 외양(外樣)으로는 어울리지 않게 보여도 전생의 연이 그러하다며 감사하며 산다. 팔자가 비천하여 평생을 홀로 사는 사람도 있지만, 대개는 다 짝을 찾아 산다. 사람은 그들의 키가 크고 작음에 따라 만나고 헤어지는 것이 아니고, 서로의 인연에 따라 만나고 헤어진다.

씨름장에 가서 보면 천하의 장사들이 모여 힘겨루기를 한다. 때로는 몸집이 작은 자가 큰 자의 틈새에 끼어들어가 이들을 넘어뜨린다. 몸집이 작은 자가 큰 자를 넘어뜨리는 기상천외(奇想天外)의 일도 있지만, 그런 일은 아주 드물다. 짝을 잘못 골라 서운할 때도 있지만, 천생의 연이 그래서 그런 것을 어찌하겠느냐며 자위(自慰)하며 산다.

청양고추는 작아도 고추로서의 그 속성을 발휘한다. 작다 하여 함부로 먹었다간 눈에서 눈물을 쏟아낸다. 작아도 세차고 사나워 사람들이 함부로 대하지 못한다. 아무리 작아도 필요할 때는 필요한 곳에 들어가 그의 구실을 한다. 사람들 중에도 보이는 모습과는 달리 다부지고 강하여 사람들을 놀라게 한다.

시간만큼 사람을 단단하게 만드는 것은 없다. 1초 1분의 시간이 작다하여 허송했다간 큰일이 일어나고, 작은 것으로써 큰 것을 이루는 이소성대(以小成大)의 원리를 알면 작은 것이라 하여 꼭 나무랄 일은 아니다.

우리가 하는 일이 너무 완벽해도 감동을 주지 못한다. 시간이 소중하다 하여 하루 종일 쉬지 않고 일할 수는 없다. 일하는 한 순간이 소중하듯 휴식의 한 순간도 소중하다. 게으른 자는 휴식의 소중함을 모를 뿐만 아니라, 무엇이 귀하고 무엇이 소중한가를 모르고 산다.

인간의 역사는 순간순간의 역사다. 시간이 모여서 하루가 되고, 하루가 모여서 한 달 그리고 일생이 된다. 일을 하던 휴식을 취하든 순간을 정밀하고 세차게 취할 때 짜임새 있는 인생이 된다.

마땅히 고쳐야 할 것은 고쳐야 하고, 다듬어야 할 것은 다듬어야 한다. 당장에 고치지 못하고 다듬지 못하면, 훗날 큰 재앙을 면치 못하는 수도 있다.(當斷不斷 反受其亂)

돈도 땀 흘려 벌어야 달콤하고 알뜰한 돈이 된다. 귀찮다 하여 어린 자식의 응석을 받아 주지 않으면, 장차의 장목(長木)으로 성장하는 것을 기대하기가 어렵다. 그때의 그 과정을 정밀하고 세차게 여겨 잘 가르쳐 기르면, 튼튼하고 좋은 놈이 된다. 새싹은 새싹일 때 잘 가꾸어야 거목으로 자란다. 물을 주고, 벌레를 잡아주고, 채광에 힘써야 잘 자란다. 한눈을 잘못 팔았다간 벌레에게 먹히는 불행을 겪는다.

어린 것들이 잘 자라서 앞가림을 하게 되면, 스스로 알아서 하게 되는 자율인(自律人)이 된다. 순간을 놓치면 영원을 놓친다. 작을 때부터 정밀하고 세차게 잘 돌봐줘야 튼튼한 놈이 되어 세상을 빛낸다.

인생을 주체적으로 편집하라는 말이 있다. 내가 원하지 않는 것은 해서는 안되고, 자기가 하고 싶은 것을 하게 해야 한다. 자기가 하고 싶은 것을 주체적으로 편집하여 행할 때, 그 일은 잘되어 세상을 빛나게 한다.

천재도 즐기는 자를 이기지 못한다고 하였다. 이 세상에 꾸준함을 이기는 재능은 없다. 억지로 행하게 하다간 공도동망(共倒同亡)의 참패를 겪는다.

미래는 앞에 있는 무한한 시간이다. 미래의 시간은 도도한 물결처럼 밀고 들어와 우리를 변화시키고 우리들 뒤로 사라진다.

인간의 역사는 순간순간을 사는 역사다. 순간을 잘못 살면 영원을 잘못 산다.

시간은 언제나 싱싱하게 다가오는 숫처녀와도 같다. 현재란 미래와 과거를 잠시 이어주는 끄나풀이다. 이 순간을 늘 젊게 유지하고 정밀하고 세차게 유지해야 튼튼한 미래가 기약된다.

시간의 흐름에 끌려가서는 안되고, 시간을 잡아 나를 단단하게 만드는 것이 되게 해야 한다. 시간을 사랑하는 마음은 현재를 사랑하는 마음이어야 한다. 그 가운데서 젊음을 유지하고, 그 순간을 정밀하고 세차게 살아야 밝은 미래를 기약할 수 있다.

크다고 꼭 좋은 것은 아니고, 외모는 작지만, 큰 것을 납작하게 무너뜨리는 정밀하고 세찬 힘을 길러야 한다. 큰놈들 속으로 몸을 비집고

들어가 큰놈의 다리를 붙들고 그를 무너뜨리는 단구(短軀)의 정밀하고 세찬 힘을 보는 것보다 더 상쾌한 것은 없다.

작은 글귀 하나가 세인을 감동시키고, 작은 쇠조각 하나가 사람을 죽인다.(寸鐵殺人) 작은 것이 모여 큰 것이 되고, 티끌이 모아 태산이 되고(塵合泰山), 한 걸음이 모여 천 리가 된다. 산을 오르되 한 걸음을 잘못 디디면 천 길의 단애(斷崖)에 떨어진다. 잘못 놀린 혀가 온 몸을 자르는 칼이 되고(舌是斬身刀), 잘못 지껄인 입은 화가 들어오는 문이 된다.(口是禍之門) 작은 것이라 하여 폄하(貶下)할 것이 아니요, 큰 것이라 하여 몸을 굽혀 굽실거릴 일이 아니다.

우연과 인연 사이(인연 따라 사는 인생)

세상일에는 우연히 일어나는 일이 많다. 길을 가다가 옛 친구를 우연히 만나 회포(懷抱)를 풀기도 하고, 우연히 만난 한 여인과 평생을 해로(偕老)하며 살기도 한다. 산길을 가다가 맹수의 침입을 당하기도 하고, 불의의 교통사고로 반신불수가 되어 살기도 한다. 전혀 예상치도 않았던 일이 생겨 어려움을 겪기도 하지만, 그간에 꼬였던 일이 잘 풀려 행복하게 살기도 한다. 그러고 보면 우리 생활의 대부분은 우연이 지배한다고도 할 수 있다.

세상 모든 일은 하고자 하면 계획을 세워서 하지만, 꼭 그 계획대로 이루어지는 것은 아니다. 엉뚱한 일이 생겨 그 일을 그르치기도 한다.

생활의 근원에는 어느 것 하나 우연과 연결되어 있지 않는 것이 없다. 모든 일이 정해진 법칙대로 잘 이루어지면 참 편하여 좋을 것이지만, 일이 그렇게 되면 생활은 단조로워져서 아기자기한 맛은 결코 없을 것이다.

늘 안전한 길을 택하여 살고자 하지만, 엉뚱한 일이 생겨 불행을 겪는다. 우연은 우리의 삶의 구석구석에 도사리고 있어서 이를 피하여 살기가 어렵다. 우연은 때로는 우리를 힘들게 하지만 행복하게도 한다.

우연한 일은 우리가 하고자 하는 일과 잘 들어맞기도 하지만, 잘 들어맞지 않아 고통을 겪기도 한다.

인간이 초능력을 가지고 있으면, 앞으로 일어날 일을 미리 예감하여 예비할 수도 있다. 그러나 한 치의 앞도 보지 못하고 사는지라 예상치 않은 재난을 당해 시달리기도 한다.

*　　　*

그런데 이상하게도 이 세상에는 우연이란 없다고 한다. 이 세상 모든 일은 신이 주관하는 것이어서 우연이란 말은 신의 어록(語錄) 어디에도 찾아 볼 수가 없다고 한다.(Accident is a word not to be found in the divine vocabulary.)

갑(甲)과 을(乙)이 뜻하지 않은 지점에서 만났다고 하면, 이를 우연이라 할지 모르지만, 따지고 보면 우연이 아니다. 갑은 갑대로 그날 그 시각에 그 자리에 가야할 사정이 생겨 그렇게 했고, 을 또한 그렇게 해서 만났으니, 우연이랄 수가 없다. 필연적으로 일어나게 되어 있는 일이 일어난 것이다.

세상 모든 일은 인연이 있어야 이루어진다. 길을 걷다가 돌이 발부리에 채인 것도 인연이 있어서 그런 것이다. 아무리 천한 사람이 제 짝을 만나 사는 것도 인연이 있어서 그런 것이다. 아무리 하찮은 일도 인연이 있어야 이루어지고, 두 남녀의 결합과 같은 것도 인연이 있어야 이루어진다. 인연이 없으면 결코 이루어질 수가 없다.

두 남녀가 인연으로 만났다가 인연이 다하면 헤어진다. 사람이 이 세상에 태어나는 것은 세상과 맺은 첫 번째 인연이지만, 명이 다하여 세상을 하직하게 되는 것도 세상과의 인연이 다하여 그러는 것이다. 사람이 이 세상에 온 것은 부모들의 쾌락 추구의 부산물로 온 것이지만, 세상과의 인연이 없으면 어찌 이 세상에 와서 그처럼 오래도록 살다 가겠는가.

사람은 정해진 길을 가기 위해서 산다고 한다. 우리가 부딪히는 모든 일은 정해진 길을 가기 위한 것이다. 오늘 아침에 배가 아팠으면 아프게 되어 있어서 그런 것이고, 머리가 아팠으면 아프게 되어 있어서 그런 것이다. 그 길은 이미 정해진 길이어서 피할 수 없는 길이다.

다른 나라에서 있었던 이야기를 하나 하고자 한다.

옛날 덴마크에 칼슨이라는 선장이 살고 있었다. 스무 살 때 결혼하여 자기 아내에게 배 타기를 권했지만 거절함으로 하는 수 없이 이혼하여 서로 떨어져 살게 되었다. 세월이 많이 흘러 92세가 되어서야 고향에 돌아와 자기 아내를 찾게 되었다. 그의 아내 또한 92세가 되도록 독수공방하며 산지라, 100세가 되는 해에 성대한 결혼 잔치를 하여 같이 살게 되었다. 1년 후에 두 사람은 함께 사이좋게 이 세상을 하직했다는 이야기가 전해진다.

인연치고는 참 기구하기도 하지만, 이미 정해진 인연이 그러해서 그렇게 살았다면 어찌 하겠는가. 자위(自慰)하며 살 일이다. 그래도 인생의 종장(終章)을 같이 살다가 부부동혈(夫婦同穴)의 기쁨을 누렸으니 다행한 일이다. 불가(佛家)에서는 길에서 만난 사람끼리 잠깐 옷깃을 스쳐도 인연이라고 한다.

생명을 가진 것 중에는 안전한 것은 없다. 요즘처럼 차를 굴리는 세상에서는 수없이 많은 사람이 사고의 위험에 시달린다. 80년 이상을 아무 탈 없이 살았다면 나도 참 운이 좋은 사람이다. 나도 그간 살아오면서 수없이 많은 위험을 겪으며 살았지만, 그때그때 목숨을 부지하며 살았다. 밖에서 오는 재앙을 잘 피하며 살았고, 의술이 좋은지라 병이 들면 병을 고치며 살았다. 발 한 발자국 잘못 디뎠더라면 천 길 만 길의 단애(斷崖)에 떨어질 일이었지만, 그것도 지금껏 잘 피하며 살았다.

날아다니는 벌레에게는 거미줄이 있고, 짐승에게는 그를 노리는 맹

수가 있고, 그보다 더 무서운 것은 사람들의 화살이 있다. 아무리 조심하며 살아도 갑자기 날아오는 화살은 피하기가 어렵다. 시도 때도 없이 날아드는 재앙도 인연이라 생각하고, 앙탈 없이 순순히 받아들이며 산다면, 인연과 벗하여 사는 기쁨이 클 것이다.

거의 모든 사람은 첫사랑의 경험을 가지고 있다. 나도 그러했지만 지금은 다 잊고 살고 있고, 잠시 불태웠던 열정만이 아련한 회억(回憶)으로 남아 있다. 첫사랑은 이루어지지 않는다는 징크스가 있어서 그 아픔을 가슴속 깊은 곳에 묻은 체 살아간다.

기차간에서 우연히 만나 이야기한 것이 인연이 되어 평생을 즐겁게 살고, 어느 모임에서 말 한마디 띄웠던 것이 인연이 되어 평생을 힘들게 살기도 한다. 모든 걸 인연이라 생각하며 살면 편할 것 같은 생각이 든다.

같이 살다가 한 사람이 병이 들면 고쳐서 살고, 병을 고치지 못하고 끝내는 가야하는 별리(別離)의 아픔을 겪는다. 자기에게 주어진 인연이 그러해서 그런 것이라고 생각하면 좋을 것이다.

그러나 저러나 한번 맺어진 인연에 감사하고, 열심히 위하여 살면 인연과 더불어 사는 인생의 기쁨 또한 클 것이다.

지금까지 우연과 인연을 넘나들며 글을 썼지만, 참 어려운 글을 썼다는 생각이 든다. 나와 인연을 맺어 살고 있는 가족과 이웃에게 감사한 마음을 전한다. 100세의 시대가 되었지만 100세의 인연까지야 어찌 바라겠는가. 조금만 더 살다가 가되 건강하게 살다 가기를 기원하면서 이만 줄인다.

비우지 않으면 채울 수 없다

사람의 마음은 잠시도 가만히 있질 않는다. 마치 일기가 변하듯 곧 개었다가 곧 흐려진다. 종잡을 수가 없다. 아주 작은 일에도 마음의 변화는 계속된다. 그러고 보면 사람처럼 이상한 동물도 없다.

다른 동물들은 배만 부르면 어떠한 일에도 상관하지 않고, 자기의 영역을 지키는 일은 거의 본능적으로 행한다. 인간의 생활은 동물들처럼 그렇게 단조롭지가 않고 매우 복잡하다. 어찌나 복잡하던지 여기에 다 매거(枚擧)하기가 어렵다.

하늘이 있고 땅이 있고 그 속에 사람이 있어, 이를 천, 지, 인(天地人) 삼계(三界)라고 한다. 그 중에서도 사람이 중요하여 사람을 지키려는 노력은 계속되어 왔다.

하늘에는 하늘의 방패가 있어 이를 천간(天干:10干)이라 하고, 이 천간이 하늘로부터 오는 재앙을 막아주고, 땅에는 지지(地支:12支)가 있어 땅을 받쳐 주어 사람을 보호한다. 그래서 사람을 만물의 영장(靈長)이라 하고, 하늘과 땅을 지배하는 지배자가 되게 했다.

그래서 그런지 사람의 머릿속은 늘 복잡하고 명민(明敏)하기 이를 데 없어서, 세상의 온갖 편리한 것들을 만들어 편하게 살려고 한다. 살기가 편리하다 하여 마음까지 편한 것은 아니다. 마음은 늘 복잡한지라 마음속에서는 치열한 싸움이 벌어진다.

선한 마음으로 살고자 하되, 악이 가만 놔두지 않아 선악의 싸움은 간단(間斷) 없이 이루어진다. 욕심 없이 살고자 하되 탐심(貪心)이 그냥 놔두지 않는다. 탐심의 갈증은 하늘 높은 줄을 모르고 일어난다. 아무리 가져도 끝이 없는 탐심의 갈증은 제어할 길이 없다.(Avarice increases with wealth.)

탐욕에서 근심이 생기고 탐욕에서 두려움이 생긴다. 탐욕이 없는데 어찌 근심이 있고, 두려움이 있겠는가?(貪慾生憂 貪慾生畏 無所貪慾 下憂何畏)

작은 것을 탐내다가 큰 것을 잃는다(小貪大失)는 경고성이 나온지 오래 되었다. 아무리 작은 것이라도 자기의 힘으로 열심히 행하여 거두는 것이 곧 탐심을 억제하는 길이 된다.

근심이란 마귀처럼 무서운 것이다. 한번 달라붙으면 좀처럼 놔주지 않는다. 그 마귀는 날씨의 맑고 흐림에 상관하지 않고 달라붙어 사람을 괴롭힌다.

나이 100세도 못살면서 1000세의 근심을 품고 산다.(生年不滿百 常懷千歲憂)는 말이 있다. 근심은 세월에 상관없이 노령을 가져온다. 사람이 근심을 하면 더 빨리 늙고 백발 또한 더 빨리 온다.

근심이 많다보니, 세상의 온갖 근심이 자기의 근심이 되고(萬端愁) 근심이 가슴속 깊은 데까지 서리면 근심에서 좀처럼 헤어나지 못한다.(幽愁)

나타나지도 않는 불확실한 일을 미리서 근심할 것도 아니고, 불행의 가능성을 미리 생각하고 걱정할 것도 아니다.

우리의 가슴속에 어떤 근심이 있으면, 과연 그럴만한 가치가 있는 것인지를 생각해봐야 한다. 작은 걱정을 크게 생각하고 애를 태우는 것보다 더 어리석은 일은 없다. 귀중한 인생의 시간을 사소한 걱정으로 소모하는 것보다 더 어리석은 일은 없다.

사람이 추구하는 것 중에 권세보다 더 좋은 것은 없다. 세도(勢道)가 좋으면 많은 사람들이 모여들어 북적거리지만, 권좌에서 물러나면, 집은 동토(凍土)처럼 얼어붙어 싸늘해진다. 물이 깊으면 물고기들이 모여들지만, 물이 얕으면 오던 고기도 오지 않는다. 부귀영화는 오래 머무는 것이 아니고 잠시 머물다 간다. 그래서 권세는 십 년을 넘지 못하고, 꽃 또한 십일을 붉지 못한다(權不十年 花無十日紅) 하였다.

권세가 그렇게 좋은지라 사람들은 그것을 얻기 위해 자기의 명운(命運)을 건다. 권좌는 누리는 자리가 아니고, 위(爲)하는 자리가 되어야 한다. 권좌가 위하는 자리가 아니면 무서운 악이 된다. 나라 살림을 거덜 내고 많은 사람을 배고파 굶기기까지 한다. 자기와 가정을 망치고 국리민복(國利民福)을 해친다. 절제가 없는 무한 권력은 오래 가지 못하고, 절대 권력은 절대적으로 망한다.

마음속에 들어 있는 것 중에 바르지 못한 것은 나를 불안케 하고, 재물을 취하되 바르게 취하지 않으면 불안과 근심의 요인이 된다.

마음속에 온갖 오욕(汚辱)과 부정이 차 있으면 마음은 늘 불안하여 일을 바르게 하지 못한다. 비우지 않으면 마음은 늘 무겁고, 비워있는 공간을 바른 것으로 채워야 마음은 가벼워져서 날로 즐겁다.

근심의 요인이 어찌 한두 가지뿐이겠는가. 근심의 요인은 수천수만 가지이고, 왔다가 가고 갔다가 오지만, 근심에게 마음이 오래 공략 당하면 마음은 무너진다. 근심은 사람의 적이고, 사람은 근심하기 위해서 태어난 것처럼 근심하며 산다. 그래서 근심과의 싸움은 부단하게 이어지지만, 결코 이겨낼 수 없는 전쟁이다.

마음을 비우지 않으면 근심은 사라지지 않고, 근심이 떠나간 자리에는 바르고 새로운 것을 채워 넣지 않으면 안된다.

본래 가난하고 천할 때는 가난하고 천한 그대로 살고, 환란을 당할 때는 환란을 당한 그대로 맞서 살라고 한다. 그러면 근심이 없어진다.(中庸)

마음에 무엇이 있느냐는 매우 중요하다. 마음에 구더기 같은 추한 것이 차 있으면, 겉은 멀쩡해도 속은 썩어 있는 사람이 된다.

높은 기개와 지조를 가진 사람들을 보라. 그렇게 좋다는 권세도 한낱 초개나 다름없이 보지 않던가.

권력은 백성을 위하여 쓰고 대의명분(大義名分)을 위해 써야 한다. 아무리 높은 자리도 선을 위해 일하는 자리가 아니면 늘 근심이다. 다음에 얻게 될 표만을 계산한다면, 권력은 허망한 신기루(蜃氣樓)를 좇는 것이 된다. 권력 자체에 탐이 나면 백성은 눈에 보이지 않고 개인의 영달만 보인다.

가슴에 손을 얹으라. 그리고 눈을 감으라. 나는 바르고 정직한가를 뇌어보라. 그러면 마음이 비워지고, 비워진 마음은 새롭고 진실한 것으로 채워질 것이다.

육십갑자에 맞춰 살기

하늘과 땅과 사람을 천(天) 지(地) 인(人) 삼계(三界)라고 한다. 이 삼계 중에 사람이 제일 중요하다. 그래서 하늘에서는 방패를 두어 재앙이 땅으로 침범하지 못하게 한다. 이 방패를 천간(天干)이라고 하고, 열 개의 방패를 두어 다스린다 하여 이를 십간(十干)이라고 한다. 십간을 열거하면, 갑(甲)을(乙) 병(丙) 정(丁) 무(戊) 기(己) 경(庚) 신(辛) 임(壬) 계(癸)가 된다.

이 십간은 무순(無順)으로 배치한 것이 아니고, 힘의 우위(優位)에 따라 순서를 정해 배치한지라, 갑이 가장 힘이 세고 으뜸이 되는 방패가 된다. 그러다 보니 요즘은 돈 많은 사람들이나, 권세가 많은 사람들이 유세를 부리면 갑질의 행패라 하여 사람들의 빈축을 산다.

땅에서도 사람들을 받쳐주어 사람들을 보호해주니 이것을 지지(支地)라고 한다. 사람은 땅에서 나오는 소산으로 몸을 부지하며 사는지라 신토불이(身土不二)라 하여 땅을 예찬한다. 사람이 사용하는 것 중에 어느 것 하나 땅에서 나오지 않는 것은 없다. 철(쇠)이 땅에서 나와 자동차, 비행기, 배, 기타 많은 것을 만들어 쓰고, 고무가 땅에서 나와 고무신 기타 많은 것을 만들어 쓰고, 우리가 입고 있는 옷의 섬유도 또한 땅에서 나와 우리를 감싸준다. 공기를 제외한 모든 것이 다 땅에서 나온다.

땅이 이처럼 사람들을 받쳐준다 하여 이를 12동물로 표현하여 나타낸다. 12동물을 여기에 표기하면; 자(子) 축(丑) 인(寅) 묘(卯) 진(辰) 사(巳) 오(午) 미(未) 신(申) 유(酉) 술(戌) 해(亥)가 된다.

자(子)는 쥐이고, 축(丑)은 소, 인(寅)은 호랑이, 묘(卯)는 토끼, 진(辰)은 용, 사(巳)는 뱀, 오(午)는 말, 미(未)는 양, 신(申)은 원숭이, 유(酉)는 닭, 술(戌)은 개, 해(亥)는 돼지다.

그런데 어느 날 심판관이 이 12동물을 모아놓고 시합을 시키기로 했다. 하지만 이 12동물 중에 체구가 가장 작은 쥐가 소에게 다가가서 "소야, 소야, 내가 네 등에 타고 가면 안되겠느냐"고 물었더니 소가 쾌히 그러라고 했다. 그러나 결승점에 가서 나보다 먼저 내려서는 안된다고 했다. 그 약속을 지켜줄 수 있느냐고 물었더니 그렇게 하겠노라고 맹약을 했다. 결승점이 가까워지자 쥐의 마음이 변해, 소의 등에서 쪼르르 내려 소보다 먼저 결승점에 도달했다.

그러자 심판관이 배은망덕한 놈이라 하여 쥐에게 세 가지 벌을 내렸다. 첫째 평생을 습기 많은 어두운 구멍에서 살 것이며, 둘째 밤에만 나와 먹이를 잡아먹는 야식 동물이 되게 하고, 셋째 새끼를 많이 낳는 산고(産苦)를 치르며 살게 했다. 지금까지의 기록으로는 한 마리의 쥐가 1년에 60여 마리의 새끼를 낳는다는 기록이 있다.

그런데 하늘과 땅이 결합하여 사람을 도와야 한다 하여 10(천간)×6=60(육십갑자 또는 육갑)이 되고, 12(지지)×5=60(육십갑자)이 되게 했다. 천간은 6번 순환시켜야 하고, 지지는 5번 순환시켜야 한다. 하늘과 땅을 결합하여 순환시켜야 한다 하여 이를 결합과 순환의 원리라고 한다.

하늘의 방패와 땅의 지지를 결합하여 보면 : 갑자, 을축, 병인, 정묘, 무진, 기사, 경오, 신미, 임신, 계유, 갑술, 을해, 병자, 정축, 무인, 기묘,

경진, 신사, 임오, 계미, 갑신, 을유, 병신, 정유, 무술, 기해, 경자, 신축, 임진, 계사, 갑오, 을미, 병신……으로 이어져 맨 끝에 육십갑자인 임술, 계해로 끝난다.(육십갑자)

* *

그런데 금년은 을미년(2015) 양의 해이고, 작년은 갑오년 말의 해다. 게다가 작년의 말(馬)은 60년 만에 돌아오는 청마(靑馬)의 해다. 그런데 청마인 푸른 말은 이 세상에 없는 말이지만, 옛날 선인들이 원력(元曆)을 만들면서 청마를 만들어 넣어 60년 만에 한 번씩 돌아오게 했다.

금년은 을미년 청양(靑羊)의 해로 60년 만에 돌아오는 원력상의 푸른 양이다. 보통 말이나 기타 다른 동물들은 모두가 12년 만에 한 번씩 돌아온다.

금년이 양의 해이고 양의 속성은 순한지라 주인으로부터 사랑을 받고, 맹수의 침범에도 주인이 잘 보호하여 준다.

정월 초하룻날 손자, 손녀들과 며느리, 아들들을 불러 앉혀놓고, 금년은 양의 해이니, 양의 속성을 닮아 순하게 살자고 했다. 집에서는 아빠, 엄마의 말을 잘 듣고, 학교에 가서는 선생님의 말씀을 잘 듣고, 친구들과는 사이좋게 지내고, 공부도 잘하며 살자고 했다.

시어머니는 며느리에게 잘하고, 며느리는 시어머니를 공경하고, 남편은 아내에게 잘해서 서로 순하게 사는 가정을 만들자고 했다.

서로 순하게 살면 가정은 살기에 편하고, 가정이 살기에 편하면, 마음이 편하고, 마음이 편하면, 몸도 편해져서 건강해진다. 마음이 편치 못하면, 몸은 견디어 내지 못하고 무너진다.

건강은 우리가 추구하는 가치 중에 최우선적 가치요 만능적 가치이다. 건강이 무너지면 세상 모든 것이 무너지고, 부귀, 영화, 권세, 명예도 뜬구름처럼 날아가 버린다.

12지(支)의 12동물은 해마다 자기의 차례를 기다렸다가 찾아온다. 12년 만에 한 번씩 왔다가 간다. 내가 싫어하는 동물이라 하여, 경원시(敬遠視)해서는 안된다. 반갑게 맞아들여 한 해를 같이 살면, 그 동물과 같이 사는 즐거운 한 해가 될 것이다. 각 동물은 동물로서의 특성을 가지고 있는지라, 그 특성에 맞춰 한 해를 살면, 그 동물을 닮아 사는 한 해가 될 것이다. 인간은 자기 자신 속에 모든 동물이 가지고 있는 습성을 조금씩은 가지고 있다. 쥐를 가지고 노는 고양이의 모습이라든지, 친구의 흉내를 내는 원숭이의 모습, 뼈다귀를 주면 누구에게나 꼬리를 흔드는 개의 모습 등…….

세상은 알고 보면 참 재미가 있다. 동물이라 하여 하대(下待)해서는 안되고, 동물 속에는 우리 마음의 사표(師表)로 삼을만한 것이 많다. 사람과 동물이 서로 화친하여 살기를 기원하며 육십갑자 Fighting!

*　　　*

위의 글은 2015년 을미년(토끼)에 쓴 글이다. 금년은 2017년 정유년으로 닭의 해이다. 닭은 이른 새벽에 홰를 치며 우는 동물이다. 닭의 습성을 따라 우리도 세상을 깨우치며 사는 한 해가 되었으면 한다. 임진왜란 이후 5년이 되던 해에 일본이 다시 우리를 정복하려고 쳐들어왔다. 정유년에 이 전쟁이 일어났다 하여 정유재란이라고 한다. 이때에 이 순신 장군은 "신하에게는 아직도 배가 12척이나 있습니다.(今臣戰船尙有十二隻)"라고 말하고, 남아 있는 배 12척으로 왜선 130척을 명량해협(해남과 진도사이)으로 유인하여, 그 중 30척을 격파하고 적장 마사시를 죽이고 전쟁을 승리로 이끌었다. 이 전쟁을 명량대첩이라고 한다.

지금 나라는 탄핵정국이어서 지극히 어지럽다. 이 나라에 드리워져 있는 암운(暗雲)을 빨리 걷어내서 국운융성의 서운이 트여 오기를 간절히 염원한다. 이것이 곧 정유년에 거는 온 백성의 염원이다. 꼭 이루어지기를 간절히 기원 한다.

남자와 여자 사이

이 글을 잘못 썼다가는 남자와 여자들로부터 좋지 않은 소리를 들을 것 같아 두려운 생각이 든다. 그런 일이 없도록 잘 쓸 터이니 그리 알고 잘 읽어주기 바란다. 제목은 '남자와 여자 사이'로 붙였지만, 기실은 '남편과 아내 사이'이니, 그리 알고 읽기 바란다. 어차피 남자들이란 특별한 경우를 제외하고는 아내와 같이 결합하여 가정 안에서 살기 때문이다.

옛날에는 남녀가 7세만 되어도 자리를 같이 하지 못했다.(男女七才不同席) 그렇지만 지금은 세상이 많이 변해서, 한 교실 안에서 책상을 같이하여 쓰기도 하고, 식당에서 같이 밥도 먹고, 어떤 프로그램에 같이 참여하기도 한다. 손잡고 악수하는 일은 다반사(茶飯事)가 되었고, 어떤 일을 같이 하다 보면 엉겁결에 몸을 같이 부딪치기도 한다. 그러는가 하면 성추행, 성희롱, 성폭력 등 사회적 물의를 일으키는 일을 저지르기도 한다.

더군다나 요즘에는 나라에서 가정을 보호해주던 법마저 없애 버렸다. 나라에서 울타리를 쳐서 가정을 보호해주더니만, 그 울타리를 걷어가 버렸다. 성행위의 선택은 개인의 자유인데, 국가에서 개인의 자유까지 침범할 수 있느냐며 그렇게 했다. 그러다 보니 가정은 세상에 무방비로 노출되고, 가정 해체가 급속히 이루어져서 가정은 날로 살기 힘든 곳이 되었다.

이 여자 저 여자를 좇는 남자들도 꽤 많아졌다. 지금까지는 한 여인과 평생을 만족하며 살다 보니, 한 여성 속에서 여성 전체를 보기도 하고, 그 여성 속에서 자기 인생 전체를 요약하여 보기도 했다. 가정을 지키는 데에 생명을 걸고, 가정을 튼튼한 성곽처럼 여기며 살아왔다.

그러나 지금은 이혼 공화국이라 할 만큼 이혼율이 많아졌다. 결혼하면서 이혼을 생각하는 세상이 되었다. 애들을 결혼시키기가 무섭다. 결혼 성약은 주례자의 부질없는 잠꼬대가 되었고, 그냥 일과성(一過性)으로 듣고 지나가는 허언(虛言) 같은 것이 되었다.

지금은 남자와 여자가 같이 벌어먹고 사는 세상이 되었다. 남편만이 밖에 나가 돈을 벌어오는 세상과는 많이 달라졌다. 남편을 하늘처럼 받들고, 우상처럼 모시던 시대는 이미 종언(終焉)을 고했다. 먹고 살기는 풍요로워졌다고는 해도, 두 사람의 권리 주장이 다르다 보니, 남편의 높던 자리가 밑으로 내려와서 아내와 같은 자리에 서게 되었다. 거기에서 많은 이야기를 하고, 결론을 도출해야 한다.

남편이 오기를 기다리며 찌개를 끓이고, 맛있는 음식을 만들려는 정성도 옛날 같지가 않다. 식탁 위의 맛있는 요리에서 아내의 아름다움을 느끼던 때도 점점 멀어져 간다. 인스턴트 푸드가 판을 치니 점점 그 맛에 밀려난다. 자기 아내 밖에 모른다던 남편도, 또 자기 남편 밖에 모른다던 아내의 사랑이나 열정도 냉각되어 간다.

아무리 살기 힘들어도 가정을 지키는 우리의 노력은 계속 이어져야 한다. 가정은 우리가 지켜야 할 마지막 보루(堡壘)이다. 다른 것은 다 잃어도 가정을 잃어서는 안된다. 해체되는 가정의 수가 날로 늘어난다고 하니, 구슬픈 애가(哀歌)를 소리높이 불러야 할까보다.

태초에 하나님께서 짝지어 살라고 남녀를 구별하여 지으셨다. 만약 남자만 있고 여자가 없다면, 남자들은 한없이 사납고, 거칠고, 고독하여 살 수 없을 것이다. 세상의 멋과 우아함과 아름다움은 없어지고, 세상은 추하고 흉물스러워 살기 힘든 곳이 될 것이다. 여자만 있고 남자가 없다면, 여자들 역시 살맛을 잃고 방황하다가 쓰러져 죽기도 할 것이다.

아내를 준 것에 감사하고, 남편을 준 것에 감사해야 한다. 서로 사랑하고 이해와 관심을 가지고 살아야 한다. 남편이 자기에게 아무런 관심도 없다는 것을 아는 날부터 비극은 싹트기 시작한다. 아내와 같이 있어야 남편은 완전한 사람이 되고, 아내의 손을 빌려 아내의 도움을 받을 때 남편은 완전한 사람이 된다.

아내에게 모든 것을 바치라고 요구하는 남편이 있다면, 세상 돌아가는 것을 모르는 사람이다. 그런 하중(荷重)을 견디어낼 아내가 없기 때문이다. 그런 헌신을 받으며 살 세상은 이미 지나갔다. 내가 먼저 헌신하지 않으면 절반의 헌신도 받을 수가 없다.

내가 먼저 아내를 사랑하고, 아내의 잘못을 이해하고, 아내가 하기 힘든 일을 내가 먼저 해야 한다. 집안 청소도 내가 하고, 쓰레기도 버리고, 할 수 있으면 밥도 하고, 설거지도 하고, 차가 있으면 차도 닦고, 세탁기도 돌리고, 옷도 말려 옷장 안에 넣고, 그 외 할 수 있는 일을 해서, 상호 겸전(兼全)하여 서로 돕고 의지하며 살면 가정은 살기 좋은 곳이 될 것이다.

남자는 자신을 지배할 수 있는 사람이 되어야 한다. 여자를 지배하려다간 큰 난리가 일어난다. 지금은 가부장적 패권주의 시대가 아니다. 요즘 여자들이 얼마나 똑똑하고 현명한지 모른다. 자기만의 자유와 시간을 원하고, 그런 가운데서도 순응과 절제와 때로는 슬픔과 눈물과 외로움을 삼키며 산다. 그들에겐 그들의 세계가 있다. 관용하고 이해해주며 살아야 한다.

그러다가 그들은 다시 남편에게로 돌아가 허깅(hugging)하고, 자식들도 다 한 번씩 껴안아주고, 그날 할 일을 계획하고, 그날 쓸 것을 메모하고 쇼핑에 나선다. 콧노래로 모든 것을 삭이며 오늘도 즐겁게 산다.

요즘 여자들은 차의 운전대를 잡고, 동분서주 바쁘고, 친구들과 같이 있으면 맥주도 한 잔 들이켜고, 맥주만 들이키는 것이 아니라 소주도 들이켜고, 기분에 따라 소맥도 하고, 막걸리, 와인에 이르기까지 하늘 높은 줄을 모른다. 친구들을 만나면, 커피도 사고, 비싼 밥도 먹으며, 그들도 그들대로의 여유와 낭만을 즐기며 산다.

영원히 여성적인 것을 원하는 시기는 지났다. 현모양처가 되면 금상첨화(錦上添花)이겠지만, 현재 하고 있는 것에 만족하고, 그 이상의 것을 바라서는 안된다. 바랬다가 되지 않으면 상호 간에 균열(龜裂)이 생기기 때문이다. 그저 현재대로만 해주어도 만족하며 살 줄 알아야 한다.

남자는 자기 가정을 지켜야 한다. 그러지 못하면 남편으로서의 자격이 없다. 아내가 제일 싫어하는 것이 있다면 남편의 외도다. 남편이 바람피는 날부터 가정은 한시도 마음 편할 날이 없고, 평지풍파(平地風波)가 일어 가정은 풍비박산(風飛雹散)이 된다.

옛말에 계집 둘 가진 놈의 창자는 호랑이도 먹지 않는다는 말이 있다. 그래서 여자들은 한 방편으로 자기가 사랑하는 남자보다는 자기를 사랑해 주는 남자를 남편으로 택하여 산다고 한다.

여자의 마음은 그 밑바닥을 알 수 없는 심연(深淵)과 같다고 한다. 여자의 마음은 맑은 거울과도 같아서 조금만 입김을 잘못 불어도 흐려진다. 서로 사랑하고 존경하며 살면 입김을 잘못 부는 일은 없을 것이다.

남자는 일로 살고 여자는 애정에 산다고 한다. 남자에게 일이 없으면 가장으로서의 의무와 책임을 다하지 못한다. 남자는 일 속에서 기쁨과 행복을 찾고, 가족에 대한 더 깊은 애정에 빠진다. 가정을 위해서 자기 인생을 바치며 산다. 이 세상에 가정의 행복과 바꿀 수 있는 것은 아무것도 없기 때문이다.

옛말에 여자의 혀는 길다고 한다.(Woman's hair is long, her tongue is longer.) 그러나 입심이 좋다고 해서 함부로 혀를 휘둘러서는 안된다. 암탉이 수탉보다 소리 높이 우는 집은 불길하다(It is a sad house where the hen crows louder than the cock.)고 하였다. 남자와 여자 사이는 남편과 아내 사이이다. 잘못하면 멀어져서 차디찬 동토(凍土)가 되고, 잘하여 성곽처럼 튼튼한 곳이 되면, 그 기쁨 날로 커져서 인생을 사는 의미와 맛을 느끼며 살게 될 것이다. 여러분 가정의 만세 무궁 Fighting을 기원한다.

정치 이야기

오랜 옛날에 고향에 올라갔더니, 아버님이 저에게 국회의원을 한번 해보면 어떻겠느냐고 하셨다. 아들놈들 중에 그런 놈이 하나라도 있으면 좋겠다는 생각이 들어서였을 것이다. 금배지를 달고 줄줄이 거느리고 빛나는 차를 몰고 다니는 모습이 여간 부러워서 그랬을 것이라는 생각이 든다.

그러나 나는 태생적으로 그런 자리가 싫었고, 그런 자리를 감당할만한 능력도 없었다. 평생을 교육 성업에 종사하며 살았지만, 이 일도 과분한 일이었고, 늘 가쁜 숨길을 몰아쉬며 힘들게 겨우 마쳤던 것 같다. 그간에 어려운 일도 많았지만, 어떻게 해서 잘 때워 넘겼다. 운이 좋게도 시작을 그렇게 했던지라 숙명으로 받아들이고, 평생 동안 그 일에 전념하다 나왔다.

정치는 생활이라고 한다. 생활의 일부라고 해도 좋고, 전부라고 해도 좋다. 우리가 낸 세금으로 나라가 운영되고, 나라의 운영이 곧 우리의 생활을 위한 것이어서, 정치와 우리의 생활과는 밀접한 관계를 가지고 있다. 정치하는 분들을 우리가 뽑고, 그분들이 나라에 나아가 우리를 대신해서 나랏일을 하기 때문이다.

어느 사람이 이름난 성인에게 “선생님, 정치란 무엇입니까?”라고 물었더니, “정치란 군군신신(君君臣臣), 부부자자(父父子子)라고 하였다. 이를 풀이하면, 임금은 임금다워야 하고, 신하는 신하다워야 하며, 아버지는 아버지다워야 하고, 아들은 아들다워야 한다는 뜻이다.

얼른 생각하면 정치와는 상관이 없는 말처럼 들린다. 그러나 임금이 임금다울 때 나라는 바로 서고, 신하가 신하다울 때 임금과 신하 사이에 의(義)가 바로 서게 된다.(君臣有義) 아버지가 아버지다울 때 가정의 질서가 서고, 아들이 아들다울 때, 부자지간의 관계가 바로 유지된다. 부자유친(父子有親)의 관계가 제대로 유지될 때, 가정은 살기 좋고 튼튼한 가정이 된다.

임금과 신하, 아버지와 아들의 관계가 잘 유지되도록 하는 것이 정치다. 이 일이 잘 이루어질 때 나라는 태평하고, 백성들이 편안하게 사는 국태민안(國泰民安)의 세상이 이루어진다. 정치의 기본 요체(要諦)는 나라를 잘 다스리고 백성을 편안하게 하는 제세안민(濟世安民)이다.

나라의 기강이 바로 서고, 백성들 간의 믿음이 바로 서게 하면, 잘하는 정치가 된다. 임금은 백성을 사랑하고, 신하는 신명(身命)을 바쳐 임금을 섬길 때, 그 혜택은 고루 백성에게 돌아간다. 임금이 약하고 신하가 억세면 하극상(下剋上)이 되어 나라의 기반이 흔들린다. 부국강병(富國强兵)을 이루어 백성들의 창고가 가득하게 하고, 이웃 나라들이 함부로 넘보지 못하게 해야 한다. 임금은 강해야 영(令)이 선다.

임금이 제 몸을 바르게 하면, 정사(政事)를 베풂이 수월하지만, 제 몸을 바르게 하지 못하면 정사는 한없는 혼란에 빠진다. 임금이 천하를 얻고자 하면, 먼저 백성의 마음을 얻어야 하고, 백성의 마음을 얻지 못하면 백성을 잃고 나라도 잃는다.(民信)

핵이 하늘에 뜨면 이쪽저쪽이 다 공멸한다. 핵이 하늘에 뜨지 못하도록 하는 것이 곧 국가를 잘 보위(保衛)하는 길이 된다.

대통령이라는 자리는 하늘이 내린 자리다. 욕심낸다고 아무에게나 주어지는 자리가 아니다. 바르고 정당하게 주어지는 자리여야 한다. 나라의 자리 중에 가장 높은 자리요, 영광의 자리다. 권세와 권능을 행사하는 막중하고 엄중한 자리이고, 그에 상응하는 책임이 수반되는 자리다.

옛말에 혼용무도(昏庸無道)라는 말이 있다. 임금이 어리석고 용렬(庸劣)하면 도(道)가 서지 않는다는 말이다. 어리석고 용렬한 군주는 백성의 믿음을 잃어, 한 시도 그 자리를 지킬 수가 없다. 위험이 있는데도 위험을 보지 못하면 위험에 눌려 죽는다. 핵이 앞에 있는데도 핵을 보지 못하면 그 핵 때문에 죽는다.(足兵) 백성들의 창고가 텅텅 비어 있는데도 그걸 보지 못하면, 어리석고 용렬한 군주가 된다.(足食)

군주의 덕목 중에 첫째는 비전이요, 둘째는 담력(勇氣)이요, 셋째는 포용력이다. 비전이 없으면 한 치의 앞도 보지 못하고, 비전이 있다 해도 담력이 없으면, 아무리 좋은 일도 밀고 나갈 수가 없다. 군주는 온 백성을 하나로 아우르는 포용력이 있어야 한다. 포용력이 없으면, 각자도산(各者逃散)이 되어 어려울 때를 대비하기가 어렵다.

지금껏 우리나라의 대통령들은 열심히 헌신하며 산 대통령들이었다. 일을 너무 많이 하려다가 일을 그르치기도 했고, 한 일이 너무 많은지라 잘한 일도 있었고, 잘못한 일도 있었다. 레임덕에 걸려 절뚝거리기는 했어도 야박하게 그런 것까지 크게 나무라지는 않는다. 어느 누구에게 나라를 갖다 바치거나 지나친 개인의 호사로 경국(傾國)의 지경에 이르게 한 대통령은 없었다. 만약 그런 사람이 있었다면 참으로 어리석고 용렬한 대통령일 것이다.

나는 뽑을 때는 표를 안 준 사람도, 뽑히고 나면 그분을 마음으로 도와 일을 잘하게 한다. 그분이 일을 잘해야 나랏일이 잘되기 때문이다. 잘하도록 채찍질을 하는 것도 좋지만, 그것이 지나치면 주마안

탈(走馬安脫)의 불행을 겪기 때문이다. 나는 생래적(生來的)으로 측은지심(惻隱之心)이 많은 사람 같다. 친구들은 나를 지각이 없는 사람이라고 하지만 그래도 어쩔 수가 없다. 그러나 너무 잘못하면 낸들 가만히 있겠는가.

백성들은 가난한 것을 탓하는 것이 아니요, 고르지 못한 것을 탓한다(民不患貧 患不均) 하였다. 이 말은 이 책에서도 여러 번 인용했다. 백성들은 가난한 것은 자기의 분복(分福)으로 생각하고 조금도 나라를 탓하지 않는다. 그러나 정사를 행함에 고르지 못하게 행하면 가차 없이 질타(叱咤)를 가하여 나무란다. 정치인은 자기가 맡은 일을 행함에 하후하박(何厚何薄)을 해서는 안되고 공평무사해야 한다. 불편부당(不偏不黨)하게 행하면 백성들의 지탄(指彈)은 추상처럼 가혹하다.

나라를 다스리는 분들은 정직해야 한다. 시냇물이 없으면 다리를 놓아주겠다고 약속을 해서는 안된다. 내 것이 아닌 것에 혀를 대서는 안되고, 그 일을 잘못하다간 수인(囚人)의 신세가 된다.

권력의 주변엔 쇠파리 떼들이 들끓는다. 조심하지 않다간 쇠파리 떼들에게 물어뜯긴다. 인생도 무상하지만 권력은 더 무상하다. 언제 촛불의 화염에 타버릴는지도 모르고, 백성들이 부르짖는 함성에 고막의 파열이 일어날는지도 모른다. 가장 가깝다고 자처하던 복심(腹心)들도 언제 등을 돌려 돌아설는지도 모른다.

높은 자리에 있을 때가 가장 무섭다. 올라갈 때는 늘 내려올 때를 생각해야 한다. 백성들이 태워주는 꽃가마를 타고 내려와야지, 백성들이 던지는 돌팔매를 맞으며 내려오면 비참해진다. 다모클레스의 칼날(Damocles' sword)은 권력자의 목에 언제 꽂힐지 모른다. 쇠파리 떼들은 아첨꾼들이다. 그들의 감언이설은 사람을 독살하는 독약이다. 충신의 고언(苦言)을 언짢게 여겼다간 볼썽사나운 모습을 보이게 된다.

정치판은 싸움판이다. 이전계투(泥田鷄鬪)의 뻘밭 싸움이다. 싸울 때는 치열하게 싸우되 그 싸움은 나라와 백성을 위한 싸움이어야 하고, 자기 개인의 이익이나 영달을 위한 싸움이어서는 안된다. 어떤 자리에 올라가려거든 잘 준비해서 올라가야 한다. 준비가 안되었다고 생각하면 언제든지 내려와서 더 공부하고 올라가야 한다. 백성들을 힘들게 해서는 안되기 때문이다.

아버님의 말씀에 따라 뺄밭 싸움을 해볼 생각을 했더라면 단판에 쓰러져 버렸거나, 미련이 있어서 덤벼들었더라면 지금쯤은 알거지 신세가 되어 쪽박을 차고 다닐 것이다. 힘도 없는 놈이 천하장사의 가랑이를 잡고 흔드는 격이 되었을 것이다.

교육 대도(大道)에 들어서서 평생을 후생들을 가르치다 나왔으니 이보다 더한 영광은 없다. 천지신명에게 감사하고 또 감사한다.

내 몸이 바르면 명령을 내리지 않아도 행하고, 내 몸이 바르지 못하면 누구에게 명령을 내려도 따라 행하지 않는다.(其身正 不令而行 其身不正 雖令不從)

부정과 비리를 행하다간 영어(囹圄)의 신세가 된다. 모든 일에 백성의 사표(師表)가 되어야 한다. 그래야 다음 번에도 찍어줄 것이다. 신명을 바쳐 일하고 국리민복(國利民福)을 최우선으로 삼아야 한다.

정치를 하려거든 먼저 정직해야 된다. 정직하지 못한 사람은 정치를 해서는 안된다. 임금은 배요 백성은 물이라는 말이 있다.(君舟民水) 배는 물 위에 띄울 수는 있으나, 잘 못하면 언제든지 그 배를 뒤집어엎을 수도 있다는 것을 명심해야 한다.

욕심 부리다 자식들 망친다

이 세상에 욕심 없는 사람이 없다. 가지면 가질수록 더 갖고 싶어 하는 것이 욕심이다. 욕심을 버리라고 하지만 그 일처럼 어려운 일도 없다. 나도 욕심 많은 사람들 중의 한 사람이다. 그 욕심으로 자식들을 키우고 가정을 가꾸었다. 하마터면 큰일 날 뻔도 했지만, 간신히 피해 오늘에 이르렀다. 은연중에 자제하고 분수를 지키며 살았기 때문에 별 탈 없이 오늘에 이르렀다.

적당한 욕심은 필요하지만, 지나치면 탐욕이 된다. 탐욕이 하늘 높은 줄을 모르고 치닫으면, 자기 자신과 이웃을 불태운다. 탐욕보다 무서운 것은 없지만, 그 탐욕을 버리면 마음이 편하여 좋다.

자식은 부모의 소유물이 결코 아니다. 그들이 원하는 바를 알고, 원하는 대로 하게 해야 한다. 부모가 원하는 대로 하려다간 자식들 다 망친다. 부모는 그들이 잘할 수 있도록 도와 주어야 한다. 그것이 곧 자연의 길을 따라 사는 자연의 길이다.

부귀영화(富貴榮華)는 풀잎에 맺힌 이슬과 같고, 하늘을 나는 부운(浮雲)과도 같다. 오래 남아 있을 것으로 알지만, 곧 사라져 없어진다. 그런 허망한 것에 매달려 살다간 모든 것을 잃는다. 탐욕을 버리는 자는 평안을 얻어 산다.

한 제자가 스승에게 말하기를 "부모님이 매를 들고 나를 때리려 하면, 어떻게 하면 좋겠습니까?" "소장(小杖)은 수(受)하고, 대장(大杖)은 피해야 하느니라. 소장은 작은 매를 말하고, 대장은 큰 매를 말한다." "어찌하여 그렇습니까?" "작은 매는 너를 가르치고자 하여 때리는 매요, 큰 매는 치솟는 분(忿)을 참지 못해 때리는 매이니, 그런 매는 피해드려야 하느니라."

작은 매는 품위를 갖추어 때리는 매이니, 아무 탈이 없지만, 큰 매는 삽시에 치솟는 분을 참지 못하여 때리는 매이니, 잘못하다간 큰 잘못을 저지르게 된다. 일시에 일어나는 분을 참아라.(忍一時之忿) 그러면 백일의 근심을 면할 것이다.(免百日之憂)

2, 3초만 참으면 되는 것을 그간을 참지 못해 일어나는 것이 분이다. 잘못하면 자식은 분풀이의 희생이 될 수도 있고, 부자지간을 크게 이간(離間)시킬 수도 있다.

자연에는 오류가 없다. 자연의 길을 따라 살면 아무런 탈이 없다.

자식이 나라의 장목(長木)이 되게 가르치고자 하는 욕심은 누구에게나 있다. 하지만 자연의 대도(大道)를 거슬러 행하다간 큰 화를 면치 못한다. 자연의 길은 안전한 길이어서 큰 기쁨과 행복을 가져온다. 노래 부르기를 좋아하는 놈에게, 금배지를 달아야 한다고 해서는 안된다. 필연 도중에 그만 두는 불행을 겪기 때문이다.

부모는 자식에게 군림해서는 안된다. 그가 가고자 하는 길을 잘 가도록 도와주어야 한다. 그것이 곧 순리의 길이요 바르게 살게 하는 길이다.

내 몸이 바르면 명령을 하지 않아도 잘 따라 행하지만,(其身正 不令履行) 내 몸이 바르지 못하면 누가 명령을 해도 따라 행하지 않는다.(其身不正 雖令不從)

사람의 도리를 찾아 행하게 하고, 무엇이 옳고 그른가를 분별하여 행하게 해야 한다. 가정은 열심히 노력하며 살도록 가르치는 곳이고, 천재는 열심히 노력하며 사는 자를 이길 수 없다는 것을 가르쳐야 한다.

고루거각(高樓巨閣)에서 사는 것만이 빛나는 삶이 아니다. 초가누옥(草家陋屋)이라도 사랑과 기쁨이 넘치면 좋은 곳이다.

불로소득(不勞所得)은 죄악이고, 무위도식(無爲徒食) 또한 죄악이다. 내가 번 것이 아니면 바르게 쓰여지지 않는다.

가정에서 서로 사랑하는 것을 배우고, 부모에게 효도하고, 형제간에 우애하는 것을 배운다. 부모에게 잘해서 잘못되는 자는 없고, 부모에게 잘못해서 잘 되는 자 없다.

가정은 세상의 중심이고, 부모는 가정의 중심이다. 부모가 가정의 중심에 확실하게 설 때, 가정운위(家庭運爲)는 잘 된다. 자식들을 잘 가르치면 나라의 좋은 동량(棟樑)이 되지만, 잘못 가르치면 협량(狹量)한 자가 되어 세상을 어지럽힌다.

돈 많고 권세 높은 부모가 꼭 좋은 부모는 아니다. 바른 생각으로 바르게 살기를 가르치는 부모가 좋은 부모다. 좋은 차가 없어도 되고, 비싼 옷을 안 입어도 된다. 소박한 것에서 안심입명(安心立命)을 느끼고, 낮은 것에서 되레 편안함을 느낀다.

천하의 부모들이여! 욕심 부리지 말고 따뜻하고 바른 마음을 가지고 사는 법을 가르쳐야 한다.

삶 속에 흐르는 생명의 소리(1)

조용히 눈을 감으면 온갖 소리들이 쏟아져 들어온다. 밤낮 없이 생명의 소리는 우리의 삶 속에 들어와 우리와 같이 흐른다. 어떤 것이든 살아 있으면 소리를 내고, 죽어 있으면 그 소리도 자연 멎는다.

벌레들이 우는 소리, 새들이 노래하는 소리, 낙엽이 지는 소리, 바람이 부는 소리, 서리가 내려앉는 소리, 눈이 내리는 소리, 비가 오고 천둥 번개가 치는 소리 등… 대자연의 소리가 들리고, 일터에서 구슬땀을 흘리는 소리, 병실에서 살려달라고 애원하는 소리 등… 세상은 온통 소리로 가득 차 흐른다. 생명의 소리는 우리의 삶 속에 들어와 우리와 같이 흐른다.

R. M. 릴케라는 시인은, "임이여 내가 손을 쳐드는 소리를 들으시나요/ 님이여 내가 바스락 거리는 소리를 들으시나요/ 내가 눈을 감는 소리를 들으시나요/ 내가 다시 눈을 뜨는 소리를 들으시나요."

소리 중에는 우리의 귀로 들을 수 있는 것도 있고, 귀로 들을 수 없는 것도 있다. 귀로는 못 들어도 마음으로는 들을 수 있는 것도 있다.

피부의 감촉이 싸늘하면 가을의 소리요, 덥게 느껴지면 여름의 소리다. 아내의 시선이 정답게 느껴지면 사랑의 소리요, 남편의 마음이 편안하게 느껴지면, 화평과 질서의 소리다. 서로의 마음이 불편하게 느껴지면 미움과 불만이 싹트는 소리다.

엄마의 다정한 목소리에서 가정은 따뜻하고 사랑이 넘치는 곳이 되고, 아빠의 믿음이 넘치는 소리에서 가정은 안정과 평화가 넘치는 곳이 된다. 선한 자가 내는 소리는 맑고 깨끗한 소리요, 악한 자가 내는 소리는 거칠고 어두운 곳으로 인도하는 소리다.

조용하던 물도 바람이 불면 물결이 일고, 조용하던 나무도 바람이 불면, 움직여 소리를 낸다. 들릴락 말락한 소리가 있는가 하면, 귀청을 찢는 소리도 있다. 생명의 소리는 잠시도 멈추지 않고 계속해서 흐른다. 사람은 소리 속에서 살다가 소리 속에서 사라진다.

모든 소리 중에서 사람들이 내는 소리가 가장 무섭다. 시기하고, 질투하고, 반목(反目)하고, 질시(嫉視)하고, 원망하고, 미워하고, 남의 것을 탐내고, 부수고, 싸우고, 죽이고, 대량 살상하고,… 이쪽에서 이것을 만들면, 저쪽에선 다른 무서운 것을 만들고, 이쪽에서 또 다른 것을 만들면, 저쪽에선 또 다른 더 무서운 것을 만들어 죽인다.

사람들이 사는 곳이 왜 이리 무서운 소리로 가득 차 있는가. 이런 곳에서 우리 가족들이 살고, 우리 이웃이 살고, 지구촌 가족들이 산다.

* *

마음이 없으면(心不在焉), 보아도 보이지 않고(視而不見), 들어도 듣지 못하고(聽而不聞), 밥을 먹어도 밥맛을 모른다.(食而不知其味也) 그래서 경전에서는 “무릇 지킬만한 것보다 네 마음을 지켜라 생명의 근원이 이에서 남이니라.” 하였다. 마음이 없다는 말은 마음을 잃었다는 말이다.

마음을 잃으면 아무 소리도 들리지 않는다. 좋은 소리도 좋게 들리지 않고, 나쁜 소리도 나쁘게 들리지 않는다. 마음을 잃으면 내 자신을 잃는다. 내 자신을 잃으면 세상 모든 것을 잃는다. 세상 모든 일은 마음의 짓는 바에 따라 달라진다.(一切唯心造) 세상의 모든 불행은 마음을 바로 짓지 못한 데서 온다.

마음처럼 다스리기 힘든 것도 없다. 어제 먹은 마음이 오늘까지 이어지지 않는다. 곧 왔다가 가고, 갔다가 또 온다. 영원이 가면 영원히 타락한다. 마음은 하루에도 몇 차례씩 부침(浮沈)을 계속한다. 그래서 불가(佛家)에서는 일일삼천심(一日三千心)이라 하였다.

나는 세상의 중심이다. 내가 세상의 중심에 확실하게 설 때, 내 이웃과 세상이 달라진다. 생명의 소리는 바른 소리이고, 이웃과 세상을 바르게 변화시키는 소리다.

내 마음이 맑으면, 생명의 소리는 맑게 들리고, 내 마음이 흐리면, 좋은 소리도 흐리게 들린다. 우리의 삶 속에 생명의 소리가 도도(滔滔)히 흐를 때, 세상은 맑고 밝은 곳이 된다.

마음이 흘가분해야 오래 산다 하였다. 마음이 흘가분하면 그 속에 한 호리의 악도 없다. 한 호리의 악도 없을 때, 내 마음은 늘 편안하다. 내 마음이 행복하여 기쁨으로 찰 때, 내 얼굴도 기쁨으로 찬다. 생명의 소리는 우리의 삶 속에 흐르는 사랑과 절규(絶叫)의 소리다.

마음을 잃으면 아무 것도 보이지 않는다.(The eye is blind if the mind is absent.) 삶 속에 흐르는 소리는 우리의 혈맥을 타고 흐르는 선율이요, 우리를 깨우쳐 살게 하는 생명의 소리다.

삶 속에 흐르는 생명의 소리(2)

생명의 소리는
삶 속에 흐르는 소리요,
힘들게 살아가는 자들에게
기쁨과 희망을 주는 소리다.

삶 속의 틈새를 비집고
한줄기 선한 빛을 찾아,
삶의 환희와 경이를 구가(謳歌)하며
힘차게 밀고 나아가는 소리다.

▲ ▲

모태에서 처음 나올 때는
벌거벗고 나왔지만,
솜옷, 비단옷을 입고 살았으니
이만하면 세상에 나와 잘 입고 산 것이 아닌가.

여름에는 여름옷을 입고,

겨울에는 겨울옷을 입고,
사철의 변화를 따라 벌거벗지 않고 살았으니,
이만하면 세상에 나와 산 보람이 있지 않은가.

허기지게 살았어도
굶지 않고 살았고,
맥령(麥嶺)의 험고(險高)를 죽지 않고 넘겼으니,
이만하면 잘 먹고 살다가는 것이 아닌가.

한데서 웅크리고 잠을 자도
일에 지쳐 숙면(宿眠)의 기쁨을 누렸고,
비단 금침(衾枕)은 덮지 않았어도
마음에 부족함이 없으니
이만하면 잘 살다 가는 것이 아닌가.

▲ ▲

고산협곡(高山峽谷)을 건너보지 않은 자가
어찌 삶이 힘듦을 알며,
험산준령(險山峻嶺)을 오르지 않은 자가
어찌 삶의 고달픔을 알겠는가.

눈물로 밤을 지새보지 않은 자가
어찌 삶의 고독을 알며,
사랑에 깊이 빠져보지 않은 자가
어찌 사랑의 깊은 의미를 알겠는가.
태양이 작열(灼熱)하는 여름의 더위를 이기지 못하는 자가,

어찌 겨울의 폭군에 도전할 수 있겠는가.
생명이 있는 곳엔 분노가 있고
분노가 있는 곳엔 삶의 절규가 있다.

밖에서는 일에 쫓기는 남편들의 아우성이 들리고,
안에서는 아내들의 설거지하는 소리가 들린다.

새끼 소를 찾는 어미 소의 애끓는 소리가 들리고(舐犢之情),
흘러가는 구름 속엔 망운의 정이 흐른다.(望雲之情)

천둥 번개가 하늘에서 포효(咆哮)하고
눈, 비, 바람에 온 땅이 뒤집혀 황토(荒土)가 되어도
온갖 미물들은 지층을 뚫고 올라오고
가느다란 생명의 소리는 쉼 없이 이어진다.

▲ ▲

생명의 소리는
게으른 자들을 깨우쳐 일으키고,
욕하는 자들의 입을 무디게 하고,
시기, 질투하는 자들의 삐진 마음을 바로 잡고,
원망하는 자들의 마음을 어루만져 준다.

미워하는 자들에겐 사랑을 알게 하고,
슬픔이 있는 곳엔 위안이 있게 한다.
고달픔이 있는 곳엔 휴식이 있게 하고,
오만이 있는 곳엔 겸손이 있게 한다.

은혜가 있는 곳엔 감사가 있게 하고,
소요가 있는 곳엔 경건이 있게 한다.
절망이 있는 곳엔 희망이 있게 하고,
어둠이 있는 곳엔 광명이 있게 한다.

협량(狹量)이 있는 곳엔 관용이 있게 하고,
신음 소리가 있는 곳엔 소생의 숨결이 있게 한다.

생명의 소리는
진실과 정의가 있게 하고,
사랑과 용서와 절제가 있게 한다.

절골지통(折骨之痛)

뼈가 부러지는 고통을 겪는다

절골지통이란 매우 견디기 어려운 고통을 말한다. 절골이란 뼈가 부러진다는 뜻으로, 그만큼 아픈 고통을 견디며 사는 것을 의미한다.

부모는 희생의 화신이다. 자식이 잘 되는 일이라면 만난을 무릅쓴다. 부모는 견디기 어려운 일을 하는 데서 행복감을 느끼고, 허리가 굽고, 뼈가 으스러져도 조금의 내색도 하지 않는다. 자식들이 잘 자라주는 데서 무한한 기쁨을 느낀다. 자식들이 잘못해도 그들의 잘못을 모르고 산다. (莫知其子之惡) 자식들만 잘 먹으면, 나는 아무 것을 먹어도 상관이 없고, 아무 것이나 배만 채우면 된다.

부모보다 선한 사람이 없고, 부모를 능가하여 더 잘할 사람이 없다. 이런 부모의 은혜를 구로지은(劬勞之恩)이라고 한다. 그가 부모가 된 연 후에야 비로소 부모의 그 깊은 뜻을 알게 된다.(養子息知親力)

부모의 사랑과 열정은 세상을 움직인다. 나도 자식을 키우면서 인생을 배웠고, 그 힘으로 세상을 이기며 살았다. 나와 자식이 서로 공생하며 살았으니, 이보다 더한 기쁨이 없다. 절골지통으로 자식을 기르고, 자식들 또한 바르고 선한 사람이 되어, 세상을 움직이는 좋은 인재가 되어 주기를 기원해 마지 않는다.

갈등(葛藤)

사람들 간의 관계는 순탄하지 않아 얽히는 경우가 많다. 이렇게 서로 얽히는 것을 갈등이라고 한다. 얽히면 불편해서 살기 힘들고, 그것이 오래 계속되면 사람들 사이에 단절이 일어난다.

인간관계는 가까운 사람들 간의 관계다. 갈등은 주로 가까운 사람들 간에서 일어난다. 멀리 떨어져 있으면 접촉할 일도 없어서 얽힐 일도 없다.

나에게는 손자, 손녀를 합하여 모두 일곱이나 된다. 멀리 떨어져 사니, 그놈들과는 얽힐 일이라고는 없다. 1년에 한 두 차례 만나서 얼굴을 보고, 그간 얼마나 컸나를 확인하는 정도가 되니, 그놈들하고 얽힐 일이라고는 없다. 참 편한 관계다. 가끔 전화라도 걸어서 그들이 어찌 지내는지를 확인할 수 있으니까 망정이지, 그렇지 않다면 날로 그 관계는 소원(疎遠)해질 수밖에 없다.

겉으로는 그놈들하고 그렇게 단조로운 관계인 것 같아도, 마음은 늘 그들에게로 이어져 흐른다. 겨울의 눈, 바람과 여름의 혹서에도 상관하지 않고 마음은 늘 그들에게로 이어진다. 마음은 늘 그들의 뒤를 좇는다.

무슨 악질(惡疾)이라도 유행하면, 마음은 늘 그놈들 생각으로 차고, 밤잠을 설치며 걱정을 한다. "학교에서 돌아오면 손을 꼭 씻어야 한다." 다 아는 일이지만 내가 할 수 있는 일은 고작 그것뿐이다.

사람처럼 정이 많은 동물은 없다. 내가 그렇게 한다 해서 안될 일이 되는 것은 아니지만, 그래도 서로 도우며 산다. 사람들 사이에는 정이 흐르고, 흐르는 정을 통하여 서로 돕고 의지하며 산다.

가정은 이 세상에서 가장 아름답고 소중한 곳이다. 가정이 소중한 것은 그 속에 가족이 있기 때문이요, 가족이 소중한 것은 그들이 서로 사랑하며 살기 때문이다.

만약 가족 간에 정이 없으면, 가정보다 더 살기 불편한 곳은 없을 것이다. 가족은 매일 만나는 사람들이고, 매일 만나는 사람들이 정 없이 사는 것보다 더 불편하고 고통스러운 일은 없다.

언젠가의 일이다. 손자 놈이 "할아버지, 우리들도요, 주머니에 돈이 없으면 힘이 하나도 없거든요."라고 했다. 돈은 어른, 아이 할 것 없이 누구에게나 좋은 것이다. 돈을 우상처럼 여기는 그놈들에게 돈 한 푼 주지 못하는 할애비는 참 재미없는 할애비다.

내 그놈들에게 돈 한 푼 주지 못하는 할애비였더라면, 치욕감 같은 것을 느꼈을 것이다. 돈 한 푼 주지 못하는 할애비는 빈껍데기처럼 느껴지겠지만, 아직까지는 옹손지간(翁孫之間)의 관계를 잘 유지하며 사니, 다행대복(多幸大福)이 아닐 수 없다.

갈등(葛藤)할 때 갈자(字)는 칡넝쿨 갈 자이고, 등자(字)는 등나무 등 자이다. 칡넝쿨이나 등나무는 위로 오를 때 혼자서는 오르지 못하고, 꼭 다른 나무를 칭칭 감고 올라간다. 그러다 보면 속에 있는 나무의 혈맥을 죄어서 그 나무를 고사시킨다.

갈등은 사람을 고사시키는 무서운 질병이다. 갈등은 가까운 사람들 사이에서 일어나고, 특히 가족 간에 일어나기 쉽다. 가족 중에서도 제일 가깝다는 남편과 아내 사이에서 자주 일어난다. 갈등이 오래 계속되면, 양자의 혈맥의 흐름은 차단된다.

적은 이해관계로 어제의 친구가 오늘의 적이 되고, 오늘의 적이 내일의 친구가 된다. 인간관계는 얽혔다가 풀리고, 풀렸다가 다시 얽힌다. 잘못 얽히면 영원히 얽히고 영원히 얽히면 서로 파멸한다.

"나라가 만일 스스로 갈라져 싸우면 그 나라는 능히 서지 못할 것이요, 또 집안이 스스로 갈라져 싸우면 그 집이 서지 못할 것이니라."(마가 3:24-25)

나라와 나라 사이에도 분쟁이나 싸움이 끊일 날이 없으니, 우리가 사는 세상은 잠시도 조용할 날이 없다. 형제끼리도 싸우고, 친구 간에도 싸우고, 부부 간에도 서로 얽혀 미워하며 싸운다.

가죽에 좀이 나면 가죽이 없어질 때까지 좀은 가죽을 파고들지만, 가죽이 없어지면 좀도 살지 못하고 죽는다.(自皮生蟲) 형제나 한 집안끼리의 싸움도 잘못하다간 공도동망(共倒同亡)의 처절한 싸움이 된다.

한솥밥을 먹고도 송사(訟事)한다는 말이 있다. 이미 간 사람도 있지만, 지금 살아 있는 사람들은 서로 잘 살아야 한다. 간 사람이야 어쩔 수 없지만, 살아 있는 사람들은 가기 전에 다 풀고 가야 한다. 하지만 그일 또한 쉽지가 않다. 이곳에서 맺힌 것은 여기에서 풀고 가야 한다.

서무원(恕無怨)이라는 말이 있다. 용서하면 그 원망함이 없어진다는 뜻이다. 만약 남을 원망하면 그 원망함이 나에게 돌아와 나를 괴롭히고 남을 미워하면 그 미워함이 나에게로 돌아와 나를 괴롭힌다.(怨憎悔苦) 용서가 쉽지 않지만 용서하며 살면 원망과 미움이 나에게서 없어진다.

얼마 전에 미국에서 있었던 일이다. 백인 우월주의자(딜런루프)가 흑인 교회에 들어가 총기를 난사하여 9명을 숨지게 했다. 백인과 흑인간의 갈등은 지금 미국에서는 이렇게 치열하다. 이곳은(사우스캐롤라이나주) 남북 전쟁의 도화선이 되었던 곳이어서, 흑백 갈등은 아직도 치열하다.

그런데 놀라운 것은, 피해자 가족들 모두가 범인을 공개적으로 용서했다. 미국의 오바마 대통령도 추도식에 참석해서, 놀라운 은총(Amazing Grace)이라는 찬송가를 손수 불러서 화해와 용서의 계기가 되게 했다.

이 찬송가는 노예 무역상에서 사제(司祭)로 변신한 존 뉴톤이라는 신부가 가사를 쓴 곡이다. 추도식에서 42세의 제니 혼(Horne)이라는 백인 여성 정치인이 4분 남짓한 연설로 대미를 장식했다. 이것으로 남부의 기를 내리고 흑백 갈등을 끝내자는 연설이었다. 이를 계기로 아직도 남아 있는 남북 전쟁의 잔재를 씻어내자는 운동이 미국 곳곳에서 시작됐다고 한다.

손자놈들에게 공부 잘하라고 귀찮게 하지 않고, 필요할 때 용돈도 주며 사니, 나와 그들 사이에는 얽힐 일이란 없다. 그것은 꼭 용돈 때문만은 아니다. 내 그들을 지극히 사랑하고, 안보면 보고 싶고, 그들에게 아무 탈 없기를 늘 기원하며 살기 때문이다.

갈등의 덫은 지뢰밭처럼 도처에 깔려 있다. 평소에 마음 단련을 잘하여 이 덫에 걸리지 않도록 하고, 참 운이 나쁘게도 이 덫에 걸려들면, 최상의 용기를 발휘하여 이해와 사랑과 용서로 풀고 가야 한다.

일일삼천심(一日三千心)

일일삼천심이란 말은 마음은 하루에도 삼천 번이나 변한다는 뜻이다. 엊그제까지만 해도 초봄의 냉기가 흐르더니, 계절은 어느덧 푸른빛에 녹아들어, 지금은 여름이 완연해졌다.

세상 모든 것은 있는 그대로 남아 있지 않고, 조금씩 변전을 거듭하며 흐른다. 이 세상에 변하지 않는 것은 없고, 나도 어느새 이렇게 변해 노구에 이르렀다. 어제는 어제의 강물이 흐르고 오늘은 오늘의 강물이 새로이 흐른다.

주변이야 어떻게 변하든 변해서는 안 되는 것이 하나 있다. 그것은 다름 아닌 사람이 가지고 있는 본질이다. 본질이란 어떤 것이 가지고 있는 가장 중요한 성질이나 요소를 말한다. 만약 사람에게서 이런 본질이 결여되면 사람이라 일컫지 못하게 될 것이다. 이런 본질이 변하면 아무리 지고지선(至高至善)한 것도 변해 추하게 나타난다. 인간이 아름다운 것은 인간으로서의 본질을 지키며 살기 때문이다.

세상은 바르고 의롭게 사는 자들의 것이고, 그런 자들만이 기쁨과 행복을 누리며 산다. 바르게 사는 자들에겐 세상은 늘 기쁨이지만(有世之樂), 부허(浮虛)한 것을 좇으며 사는 자들에겐 세상은 늘 근심과 고통이

다.(虛世之憂)

내 나이가 많지만 아직도 불쑥불쑥 치솟는 화를 이기지 못하고, 거짓된 것을 가끔 말하여 주변을 어지럽게 한다. 하지만 그걸 물리칠 한길 단호하고 진실한 마음은 아직 나에게는 없다. 때로는 탐심(貪心)이 일어 나를 괴롭히고, 교만한 마음이 일어 겸손히 행하며 사는 사람들을 욕되게 한다.

아무리 그래도 이놈의 마음은 바로잡을 길이 없으니 큰일이다. 잡은 듯 했다가도 곧 놓치고, 바로 세운 듯 했다가도 곧 흔들리며 사니, 마음을 바로 잡는 일보다 더 어려운 일은 없다. 인생에 실패했다거나 방황하며 사는 사람들이 많은 것도, 바로 이 마음을 바로 잡지 못하고 사는 때문이다. 내가 그간 많은 세월을 살았지만, 아직도 마음을 바로 잡지 못하고 살고 있다.

마음은 선과 악이 치열하게 싸우는 전쟁터이다. 선이 차지하는가 싶더니, 곧 악이 찾아 들어와 그 자리를 차지한다. 어제 먹은 마음이 오늘이나 내일까지 지속되는 일은 없다. 금석맹약으로 굳게 다짐했던 마음도 적은 이유로 쉽사리 무너진다.

매일 수염을 깎아야 얼굴은 깨끗하고, 매일 청소를 해야 방안은 깨끗하다. 하루만 미루어도 얼굴은 추하고, 방안은 더러워진다. 마음은 하루에도 삼천 번이나 변하니, 망나니 중에서도 개망나니다. 개망나니 노릇을 못하게 동여매야 하지만 동여맬 길이 없다.

진정 미워해야 할 사람은 다른 사람이 아니고 나다. 내 마음의 평화도 내 마음가짐에 달려 있다. 세상의 일체는 내 마음의 짓는 바에 따라 달라진다.(一切唯心造) 내 마음이 어두우면 세상 일체가 어두워 보이고, 내 마음이 밝으면 세상 일체도 밝아 아름답게 보인다.

사람의 마음처럼 이상한 것도 없어서, 열 길 물속은 알아도 한 길 사람의 속은 모른다. 마음 단단히 먹으면 힘든 세상도 수월해지지만, 그렇지 못하면 살기 좋은 세상도 힘들어진다. 내 마음이 지옥을 천국으로 만들고, 천국을 지옥으로 만든다.

나쁜 생각이 마음속에 오래 자리 잡지 못하게 해야 한다. 근심, 걱정, 원망, 미움, 질투, 시기 같은 나쁜 생각들이 마음속에 오래 자리 잡고 있으면, 사람이 파괴된다. 그것들은 나갔다가 곧 들어와 우리를 괴롭히니 늘 경계해야 한다. 이런 나쁜 생각들이 마음속의 공간을 오래 차지하지 못하도록 늘 밝은 생각을 해야 한다.

잘못된 일은 바로 뉘우치고, 용서할 일이 있으면 용서해 주어서, 다른 사람이 편한 마음으로 살 수 있게 해야 한다.

불행하다고 느끼는 것도 마음이요, 행복하다고 느끼는 것도 마음이다. 슬프다고 느끼는 것도 마음이요, 기쁘다고 느끼는 것도 마음이다. 죽고 싶다고 느끼는 것도 마음이요, 살고 싶다고 느끼는 것도 마음이다. 종잡을 수 없는 것이 마음이니, 잠시 흔들릴 수는 있어도 영원히 흔들려서는 안된다.

시련은 누구에게나 오는 것이고, 고통 또한 누구에게나 온다. 시련과 고통 없이 사는 자는 이 세상에 없다. 나에게도 그지없이 많은 시련과 고통이 다가와 나를 괴롭힌다. 이리저리 버티며 살고(左之右吾), 있는 힘을 다하여 잘 막아내며 지금껏 살았다.(左遮右欄)

내 꾸준히 신앙생활을 했다. 잘하지는 못했지만, 열심히 한다고 했다. 신앙이란 불꽃처럼 단숨에 피어올라, 나와 내 주변을 태우는 것은 아니다. 빨리 자란 것을 자랑할 것이 아닐 것은, 빨리 자란 것일수록 빨리 시드는 수도 있기 때문이다.

무슨 일이든 진척이 더디다 하여 이를 탓할 것이 아니요, 꾸준히 행하지 못함을 탓할 일이다. 신앙이 더딘 것에 때로는 화가 나지만, 그냥 열심히 하며 살았으니 그것만으로도 만족을 하며 산다.

신앙생활을 하면서 가족과 이웃을 사랑하고, 아들, 며느리, 손자, 손녀들을 사랑하며 살았으니, 사람으로서의 본질을 지키며 산 것이 된다. 다른 일로는 일일삼천심이었지만, 가족을 사랑하고 지키는 일에는 일일일심(一日一心)이었다. 일일삼천심도 일일일심으로 다스려 살면, 일거다득(一擧多得)의 소득이 아닌가도 싶다.

균형 유지

남과 북이 38°선을 중심으로 팽팽하게 긴장 관계를 유지하고 있다. 이것을 힘의 균형(Balance of Power) 또는 세력 균형이라고 한다. 한국 전쟁이 발발한(1950) 이후로 이 균형은 깨지지 않고 계속 유지되고 있다. 만약 이 균형이 깨지면 그것은 곧 전쟁이 일어난 것이나 다름이 없다.

사람의 얼굴을 양쪽으로 나누면 양쪽은 똑같은 모양으로 나뉘고, 나무 잎사귀를 한 가운데를 접으면 똑같은 모양으로 나뉜다. 이런 것을 일러 대칭적 균형(對稱的 均衡)이라고 한다.

남쪽의 군인의 수는 65만 정도이지만, 북쪽의 군인의 수는 120만 명이나 된다. 북쪽의 잠수함의 수는 70여 척이 되지만, 남쪽의 것은 14척 밖에 되지 않는다. 숫자적으로는 우리의 것이 훨씬 열세다. 숫자나 기타 다른 이유로 균형을 유지하지 못하는 것을 비대칭적 균형(Asymmetrical Balance)이라고 한다.

그러나 전쟁은 숫자적으로 우세하다 하여 승리하는 것은 아니다. 양적으로는(量的) 저쪽의 것이 훨씬 우세하지만, 질적으로는 우리의 것도 만만해서 양쪽의 대칭적 균형은 유지된다.

전쟁에서는 천기(天氣)는 지리(地利)만 못하고, 지리는 병사들의 사기(士氣)만 못하다는 말이 있다. 아무리 다른 조건이 우세하다고 해도, 병사들의 사기가 땅에 떨어져 있으면 전쟁은 수행 능력을 잃는다. 병법에서는 이 3요인을 중요한 요인으로 구분하여 이야기한다.

전쟁은 과학이고 과학은 곧 힘이다. 현대전은 과학전이고, 과학은 곧 큰 힘이 되어 전쟁을 밑받침한다. 과학은 만능적 가치를 가지고 있어서, 과학은 우리의 생활을 지배하고, 세상 모든 것을 지배한다.

스포츠는 과학이고 그 과학이 힘이 되어 100m를 9초 몇 00으로 주파하는 능력을 발휘한다. 침대는 과학이고, 과학이 아닌 침대는 잠자리가 불편해서 편한 잠을 이룰 수가 없다.

우리의 가정도 균형 관계가 유지되는 조직이다. 아내와 남편 사이에는 사랑과 믿음이 있어야 하고, 부모와 자식 간에는 사랑과 친함이 있어야 한다. 할아버지와 손자 사이에는 차례(序)가 있어야 옹손지간(翁孫之間)의 균형이 유지된다.

할아버지는 윗자리에 앉아야 하고 손자는 아랫자리에 앉아야 한다. 할아버지가 먼저 마셔야 할 물을 손자가 먼저 마시는 불손을 범해서는 안된다.

"할아버지, 세뱃돈을 먼저 주고 덕담을 하면 안될까요?" "안돼! 내 말을 잘 들으면 세뱃돈이 나가지만, 그렇지 않으면 세뱃돈은 한 푼도 안 나간다."

이놈들에게 돈은 그들의 우상이고, 최우선적 가치다. 아이들이나 어른들이나 똑같다. 돈이 없으면 세상 모든 것은 잠시도 운영되지 않는다. 돈은 세상의 운영을 가능케 하는 좋은 사용재(使用財)다. 할아버지가 모처럼 만에 주는 용돈은 강감우(降甘雨)격이다. 메마른 황지(荒地)에 내리는 단비처럼 힘이 있다. 돈은 할아버지와 그들 사이의 균형을 유지시키는 좋은 용재(用財)이다.

옛말에 신원심원(身遠心遠)이라는 말이 있다. 몸이 멀리 떨어져 있으면 마음도 멀어진다는 뜻이다. 그리고 모든 인간관계는, 가면 날로 멀어진다.(去者日益疎)

내 그들과 떨어져 사는지라 특별히 얽힐 일이 없고, 미미하기는 해도 그들과의 주고받는 관계 때문에 균형을 유지하며 산다. 만약 그렇게라도 하지 않는다면 빈껍데기의 할아버지로 치부(置簿)되어, 참 처량한 신세의 할아버지가 될 것이다.

메르스가 창궐할 때는 밤잠을 설치며 그놈들 걱정을 했다. 며느리에게 전화를 걸어 별일이 없는가 확인도 하고, 학교에서 돌아오면 반드시 손을 씻도록 하라는 말을 신신당부를 한다. 내가 말하지 않아도 잘 알아서 하고 있는데도 내가 또 한다. 그렇게 한다고 해서 안될 일이 되고, 될 일이 안되는 것은 아니다. 하지만 그렇게라도 해서 마음의 불안을 없애고자 한다. 그것이 곧 인간관계다.

남편은 아내가 너무 잘해주기를 기대해서는 안되고, 아내 또한 남편이 잘해주기를 기대해서도 안된다. 기대가 크면 실망이 크듯, 기대했다가 잘못해주면 서운함이 크고, 서운함이 크면 서로의 관계가 소원(疎遠)해진다.

갈등은 양자 간의 균형을 깨뜨리는 큰 요인이 된다. 남이 나에게 잘해주기만을 바라지 말고, 내 스스로 만족할 줄 알아야 한다.

스스로 만족할 줄을 알면, 가난하고 천해도 기쁨이고(知足者貧淺亦樂), 스스로 만족할 줄 모르면, 부귀도 역시 근심이다.(不知足富貴亦憂) 스스로 만족하며 살면, 다른 사람과 얽힐 일이 없고, 다른 사람과 얽히지 않으면, 균형관계도 잘 유지되어 이 세상은 참 살기 좋은 곳이 될 것이다.

사람과 사람 간의 갈등은 두 사람 사이를 소원(疏遠)하게 하고, 나라와 나라 사이의 갈등 또한 양국 간의 관계를 단절시킨다. 그러다가 잘못되면 양국 간의 균형이 깨지고, 균형이 깨지면 전쟁을 일으키는 불행을 겪는다.

사람처럼 사악하고 무서운 동물은 없다. 사람을 죽이는 무기를 계속 만들어내는데 혈안이 되어 있다. 이쪽에서 이것을 만들어내면 저쪽에서는 또 다른 것을 만들어 내놓는다. 총, 칼, 대포, 심지어는 핵을 만드는 군비 경쟁은 천정부지(天井不知) 하늘 높은 줄을 모른다. 인류공멸(人類共滅)의 시대가 다가오고 있다.

대한민국 남단의 한 누옥(陋屋)에 묻혀 사는 이 노옹(老翁)의 말을 세상이 귀담아 들을 리가 없다. 나의 절규는 만인의 절규요 염원이지만, 사람을 찔러 죽이는 칼날은 날로 번쩍이고, 단숨에 지구를 화염으로 태워 불바다로 만들 대포의 포탄은 숨 쉴틈 없이 만들어진다.

인류는 전쟁의 종지부를 찍어야 한다. 그렇지 않으면 전쟁이 인류에게 종지부를 찍을 것이다. 전쟁의 본질은 포학(暴虐)이어서, 한번 시작했다 하면 무자비하게 사람을 찢고, 죽이고 태워 멸절(滅絶)시킨다.

사람과 사람 간에 윤리를 세워서 살고, 나라와 나라 사이에 영원한 사랑과 믿음을 세워 살면, 영원한 균형추(均衡錘) 위에 좌우 균형을 잘 유지하며 사는 세상이 될 것이다.

여름 후엔 가을

나는 세상을 건성건성 사는지라 집 안에 무엇이 어디에 있는지 잘 모르고 산다. 더군다나 무엇이 없어져도 한동안은 모르고 산다. 선풍기를 며칠 전에 치운 것 같은데 그간 모르고 살았다. 뒤늦게야 옆방에 들어가 봤더니, 가보(家寶)를 모시듯 보자기로 싸서 한쪽 구석에 잘 모셔 놓았다. 때가 되면 또 부려먹을 셈치고 그랬던 것 같다.

선풍기는 한 철을 살다가는 철새와도 같다. 그냥 살다가는 것이 아니고, 죽을힘을 다하여 일하다가 간다. 어떤 사람은 문을 닫아놓고 자다가 숨이 막혀 죽기도 하고, 너무 오래 틀어놓아 과열하여 분사(焚死)의 불행을 겪기도 한다. 선풍기에 얽힌 비화(悲話)치고는 꽤 슬픈 이야기들이다.

내가 선풍기에 유별나게 관심이 깊은 것은 전적으로 내 나이 때문이다. 나는 여름의 더위가 싫고, 한겨울의 추위는 더더욱 싫다. 에어컨에서 나오는 냉풍의 미혹에 너무 오래 빠졌다간 냉병에 걸린다.

선풍기만큼 여름의 진객(珍客)은 없다. 들어올 때는 반겨 모시고, 나갈 때는 손이라도 흔들어 환송하여 보내야 하는데도, 사람들은 그의 오고 감에 무심하다. 부려먹을 때는 등골이 휘게 부려 먹지만, 하던 일이 끝나면 오불관언(吾不關焉) 나 몰라라 한다.

요즘처럼 염제(炎帝)가 기승을 부릴 때는 바깥출입은 금령이다. 잘못 나갔다간 일사(日死)의 참변을 당하기 쉽기 때문이다. 바람 한 점 없고, 햇볕이 작열(灼熱)하는 무더위가 계속되면, 방에 갇혀 사는 것이 상수(上數)다. 선풍기의 미풍을 벗하여 비몽사몽간(非夢似夢間)에 즐기는 오수(午睡)의 맛은 참으로 좋다. 개집 안에서는 개란 놈이 혀를 늘어뜨리고 숨을 헐떡거리는 모습이 측은하다.

여름은 겨울에 비해 낮이 훨씬 길다. 싫은 것일수록 빨리 지나가는 것이 좋다. 소동파(蘇東坡:文人)는 "나는 여름 해가 긴 것을 좋아 하노라."(人皆苦炎熱 我愛夏日長)라고 읊었다. 더위를 이기는 무슨 비법이라도 있는지는 모르나 참 별종이라 할 만큼 이상한 사람이다.

삼복(三伏)의 더위를 차례로 맞이하여, 황구보신탕 등으로 몸보신하며 지내는 맛 때문이었는지는 모르나, 아무리 그래도 바람 한 점 없는 공간에서 하루를 보내는 일은 지독한 인내심을 필요로 한다.

손바닥만한 하선(夏扇:부채)으로는 족불급(足不及)이고, 선풍기마저 이제는 온풍을 뿜어내니, 어디 있으나 죽을 맛이다. 가끔 하늘에는 담묵(淡墨)을 풀어놓은 듯한 구름이 떠가지만, 밖에는 사람이라고는 흔적도 없다.

천하 장수라 해도 이 더위를 이겨낼 사람이 없다. 이 더위는 밤까지 이어져 열대야(熱帶夜)의 지옥 속에 갇힌다. 이 더위 속에 살아남는 것이 참 용하다. 어젯밤도 그러했고 오늘 밤도 그럴 것이다. 하루하루가 지겹고 하루를 살아남는 일이 꿈만 같다.

여름에는 닫혀진 창은 없고, 모든 것이 밖으로 열려져 있다. 여름은 노출의 계절이고, 감춰진 것은 없지만, 나무와 화초들만 푸른 색조를 띄고 날로 무성하다. 여름은 은폐나 비밀이 없고, 침묵이 없고, 시끄럽고 개방적이다. 사람의 몸도 가려진 곳이 없이 민살이고, 사람들이 많이 모이는 해수욕장에는 마냥 즐겁고 왁자지껄 막히는 것이 없다.

*　*

그런데 아침저녁으로는 양기(凉氣)가 인다. 얼마 전에 입추가 왔으니 입동이 불원(不遠)일 것이다. 조금만 더 지나면 양기가 냉기로 변하고, 추엽(秋葉)들은 바람에 따라 흩날릴 것이다. 한낮은 아직도 햇볕이 따갑지만, 머지않아 초추(初秋)의 바람이 불어와 지친 몸을 식혀 줄 것이다.

내 초야(草野)에 은거(隱居)한지 오래인지라 찾아올 손님도 없다. 혹시라도 찾아오면, 아직 남아 있는 늦더위 때문에 덥다 하겠지만, 어쩔 수가 없다. 뒷일이야 어찌 되던 선풍기는 이미 치워졌으니 어쩔 수가 없다.

여름이 한창일 때, 아들 며느리가 내려와 에어컨을 방안에 설치해놓고 갔다. 늙은 말년에 누가 이러랴 싶어 눈시울이 뜨거워졌다. 날로 삭막해지는 세상에 그들의 그런 마음 쓰임에 눈물이 난다. 에어컨이 없는 것도 아니지만, 너무 늙어서 숨소리가 거칠다.

젊은이들에겐 봄보다는 여름이 더 좋다. 더위와 싸우며 사는 모습은 아름답고, 그런 그들에게서 힘찬 생명의 작열(灼熱)을 느낀다.

에어컨이 아무리 좋다고는 해도 선풍기만 친근감이 덜하다. 예부터 가까이 놓고 써오던 것이고, 이리저리 옮겨 놓고 쓰기가 좋기 때문이다. 냉기의 정도로는 에어컨을 당할 길이 없지만, 그래도 나는 이놈이 더 좋다. 영 힘들 때는 잠시 에어컨의 냉기 속에 들어가 몸을 식히고 나오면 된다.

지글지글 끓는 것 같던 태양열도 힘이 파해 이제는 조석으로 냉기가 역연하다. 계절은 어느덧 붉은 색에 녹아들어, 홍엽(紅葉)이 하나둘씩 떨어진다. 한차례의 바람에도 낙엽은 우수수 떨어져 길 위에 보료처럼 깔린다. 그걸 밟고 지나가는 연인들의 마음은 따뜻해지고, 미래의 짙은 꿈에 젖는다. 가을은 잠시 왔다 가지만 가을에 대한 추억은 오래 남아 가슴에 서린다. 숨을 헐떡거리며 돌아가던 선풍기는 이제는 쫓기는 폐병(廢兵)처럼 힘이 파하여 뒷방으로 밀려나 다시는 돌아오지 않는다.

실솔(蟋蟀)들은 땅속으로 기어들고, 코스모스, 억새풀은 바람 따라 출렁이고, 고추잠자리들은 꽁지춤으로 하늘을 수놓는다. 가을밤은 장장추야(長長秋夜) 임 그리기에 좋고, 임 그리다가 베갯잇이 흥건히 젖는다. 사창(紗窓)에 흘러드는 푸른 달빛은 가을의 정취를 더욱 깊게 한다.

가을은 조락(凋落)의 계절이다. 사위(四圍)의 경색(景色)은 온통 황(黃), 홍(紅), 담황(淡黃), 청(青)으로 어우러져 아름다운 스펙트럼을 이룬다. 가을걷이가 끝난 황금 들판은 이제는 더 이상 황금의 색조는 아니다. 전쟁을 끝낸 폐허의 장처럼 어수선하다. 들판을 점령군처럼 횡행(橫行)하던 참새들도 어디론가 잠적했다.

천(天), 지(地), 인(人) 삼계(三界)가 일률(一律)로 가을이고, 한로(寒露), 상강(霜降)을 지나면 가을은 점점 퇴색하여 겨울로 접어든다. 이제는 긴 소매 옷으로 갈아입어야 하고, 장갑과 마스크도 꺼내 놓아야 한다. 아침저녁의 공기는 날이 다르게 변하고, 잘못 만용(蠻勇)을 부렸다간 욕을 먹는 계절이다. 몸단속을 해야 할 때가 서서히 다가온다.

산자수명(山紫水明)이라 하였다. 산은 온통 자색(紫色)이고, 물은 맑다 하였으니, 소 발자국에 고인 물도 먹는다 하였다. 공기 속의 먼지들도 차분히 가라앉고, 물속을 떠돌던 먼지들도 조용히 내려앉아, 생물들의 움직임이 환히 들여다보인다. 한 웅큼 물을 떠서 마시면 폐부에까지 시릴 것 같다.

내 문력(文力)이 좋으면 추풍사(秋風辭)라도 길게 써서 지금 와 있는 가을을 더 길게 예찬하고 싶다. 추풍의 낙이 다하면 그 다음은 쓸쓸한 겨울 이야기나 써야 한다. 추풍에 나부끼는 가을의 정취는 이제 다해 간다.

가을은 날이 다르게 익어간다. 담장 밑에는 황국(黃菊)이 제철을 맞아 봉접(蜂蝶)을 불러들이고, 거두어들인 오곡백과를 배불리 먹고 사는 추수동장(秋收冬藏)의 계절이 우리 앞에 펼쳐진다.

이글을 끝맺을 방법이 마땅치 않아 한자 글귀를 몇 개 끌어들여 가을을 완상(玩賞)하고자 한다.

천고마비(天高馬肥), 등하가친(燈下可親), 구추풍국(九秋楓菊), 추풍낙엽(秋風落葉), 황국단풍(黃菊丹楓), 끝으로 각로청수(刻露淸秀:가을은 맑고 경치는 아름답다)

선풍기를 치우고 나니 추기(秋氣)가 살갗에 닿고, 하늘은 높고 맑으며, 식욕은 좋아 소담히 살이 오른다. 여름에 잃었던 것을 가을에 채워 넣어, 청추(靑秋)의 가절(佳節)을 마음껏 즐겨봄이 좋을 듯하다.

잃은 것에 얽힌 이야기

무엇이든 잃어버리고 나면 참 서운하다. 최근에 시계를 두 개나 잃어 버렸다. 먼저 잃어버린 시계는 집사람이 생일 선물로 사준 것이어서 그렇게 싼 것은 아니다. 귀한 것이라 여겨 20여 년간이나 차고 다녔다. 그런데 그런 시계가 갑자기 사라졌다.

있을 만한 곳은 다 찾아봐도 나오지 않는다. 그야말로 유력(乳力)을 다해서 찾아봤지만 나타나지 않는 것을 보면, 영원히 어딘가에 깊이 묻혀버린 것 같다.

하는 수 없이 다른 시계를 차게 되었다. 대통령으로부터 부상으로 받은 시계였다. 수상자들에게 무더기로 준 것이어서 그렇게 값비싼 것은 아닐 것 같다. 그런데 그 시계가 또 없어졌다. 귀신이 곡할 노릇이었다. 바둑기사들이 대국(對局)이 끝났을 때, 바둑알을 복기(復棋)하듯 그간의 나의 행적을 더듬어 추적을 해보았지만 별무소용이었다.

하는 수가 없이 시계점을 찾아갔다. 무턱대고 시계점 주인에게 "당신의 집에서 제일 싼 시계는 어느 것이요?"라고 물었다. 노년의 처지에 좋은 시계는 필요 없을 것 같고, 금석맹약으로 결심을 한다 해도, 다시 잃어버리지 않는다고 장담할 수가 없었기 때문이다.

영원한 불귀(不歸)의 객이 되어버린 두 시계를 생각하면 서운한 마음 이루 말할 수 없다. 잃어버리지 않았더라면 죽을 때까지도 끄덕없이 차고 다닐 수 있었을 것을, 참 아쉽게 되었다. "짝 잃은 거위를 곡(哭)하노라"에 나오는 거위의 슬픔만큼이나 두고두고 아쉬운 마음이 가시지 않는다. 언젠가는 "나 여기 있소"하고 나타날 것만 같은 생각이 불쑥불쑥 인다.

시계방 주인은 2만 원짜리 시계를 내놓으며, "이것이 우리집에서는 제일 싼 것"이라고 했다. 보아 하니 외모도 괜찮아 보이고, 우선은 글씨가 똑똑해서 나 같은 노인에게는 좋을 것처럼 느껴졌다. 흥정이고 뭐고 할 것도 없이 돈을 치르고 팔뚝에 끼어보니 괜찮아 보였다.

내가 죽을 때까지는 찰 수 있겠느냐고 물었더니, 몇 살까지 사시겠느냐고 했다. 90살까지는 살아야 하지 않겠느냐고 했더니, 90살이면 앞으로 10년 후의 일인데, 100살까지는 끄떡도 없이 찰 수 있을 것이라고 했다.

어느 한 여행자가 한 철학자에게, 여기에서 기차역까지는 얼마나 걸리겠느냐고 물었더니, "한번 걸어보시오. 당신의 걸음걸이를 보아야 알 것 아니요."라고 대답했다고 한다. 서로 같은 이야기 같아서 재미있다는 생각이 들어서 여기에 소개했다.

금지옥엽(金枝玉葉)으로 여기고 간수를 잘했어야 하는데 그러지 못했다. 어느 사람이 안경을 잃어버렸다고 한다. 아무리 찾아보아도 찾을 길이 없었다. 땀을 닦으려고 얼굴에 손을 댔더니 얼굴에 걸쳐 있더라는 것이었다. 차의 키를 잃어버리고 혼쭐이 난 경험은 누구나 한 번쯤은 가지고 있을 것이다.

정신을 꽁무니에 차고 다닌다는 말이 있다. 하고자 하는 일을 잊어버리고 못하게 된다는 뜻이다. 나도 옛날 같지가 않아서 자주 잊어버린다. 이러다가 잘못된 병이라도 걸리지 않을까 하는 걱정을 할 때도 있다. 어떤 일을 하려고 마음먹었다가도 곧 잊어버리고 다른 일을 하는 경우가 더러 있으니 말이다.

실제로 있었던 일이다. 변소에 간다고 한 사람이 변소에는 가지 않고, 엉뚱한 곳으로 가서 집안사람들을 놀라게 한 경우도 있다. 내 이야기가 아니어서 참 다행이라는 생각도 든다. 이와 비슷한 이야기는 부지기수(不知其數)여서 이를 다 여기에 매거(枚擧)할 수가 없다.

내가 쓴 글의 제목도 얼마 후에 읽어보면 내가 쓴 것 같지 않게 느껴질 때가 있다. 내용을 한참 들여다 본 후에야 내가 쓴 것을 느끼게 된다.

슈베르트라는 작곡가는 곡을 많이 쓰기로 이름난 사람이다. 그런데 어느 날 포글이라는 가수의 노래에 반주를 하다가, 갑자기 반주하던 손을 멈추고 그 가수를 보며, "여보게, 이 곡은 참 좋은데 도대체 누가 작곡한 것이요?"라고 물었다고 한다. 그런데 이곡은 슈베르트 자신이 2주 전에 작곡한 것이었다.

나이가 들면 들수록 이런 현상이 심한 것이 사실이다. 사람에 따라 다르기는 하지만, 대개는 뇌세포가 노쇠해지면 이런 현상이 일어난다. 자연 현상이 내 머리 속에도 일어나고 있다고 생각하면 틀림이 없다. 자탄(自歎)의 한숨을 쉴 것이 아니고, 올 것이 오고 있다고 생각하면 훨씬 수월해진다. 체념(諦念)보다 나를 더 편하게 하는 것은 없다.

우리집에는 시계가 두서너 개 있다. 현관에도 있고, 내실에도 있다. 밤중이나 이른 아침을 위해 야광시계가 내 머리 맡에 있고, 핸드폰에도 시계가 박혀 있어, 그걸 열기만 하면 언제든지 시간을 볼 수가 있다.

"시간을 아껴라. 세월이 악하니라."고 경전에서는 말하고 있다. 그렇다 해서 시간에 쫓기다시피 하며 바쁘게 살지는 않는다. 유유자적(悠悠自適)으로 여유 있게 살고, 악과의 싸움에서는 지지 않으려고 빠르게 움직인다.

행복한 사람은 시간의 흐름에 그렇게 안달하지 않는다고 한다. 행복한 사람이란 시계 없이도 살 수 있는 여유 있는 사람들이라고 한다. 밥 때가 되면 밥을 먹고, 잘 때가 되면 잠을 자고, 산책할 때가 되면 산책도 하고, 특별히 매이는 것이 없이 사니, 그런 사람들을 일러 행복한 사람이라고 한다. 세상의 온갖 번뇌에서 벗어나 정말 유유자적(悠悠自適) 여유 있게 사는 것 같아 행복하게 느껴진다.

"고장난 시계는 멈춰 섰지만 저놈의 세월은 고장도 없네."라고 가는 세월을 서글피 술회(述懷)한 노래 가사도 있다.

어떤 사람은 재깍거리는 시계소리를 사형 집행장으로 끌려가는 발자국 소리와도 같다고 했고, 또 어떤 사람은 먼지 내리는 소리도 들을 수 있을 만큼 조용한 밤에 시계소리를 듣는 것은, 죽음을 향해 다가가는 발자국 소리를 듣는 것과도 같아 무서운 생각이 든다고 했다.

일일난재신(一日難再晨)이라는 말이 있다. 하루 동안에 아침은 두 번 다시 오지 않는다는 뜻이다. 시간은 영원히 흐르기만 한다. 쉬지도 않고 돌아서지도 않는다. 지나간 시간은 다시는 오지 않고, 영원한 별리(別離)로 갈라선다.

시간은 어찌나 빠르던지 네 마리의 말이 문틈을 지나가는 것과도 같고(四匹過隙), 한 순간은 천금과도 같다(一刻千金)하여, 시간 아껴쓰기를 권장하는 경구가 많다. 무엇이든 잃어버리면 서운하다. 평소에는 범범(泛泛)하게 느껴지던 것도 잃고 나면 더욱 귀한 것을 느낀다.

어지간한 것은 시간이 흐르면 잊혀지지만, 세월이 흐를수록 더욱 잊혀지지 않는 것이 있다. 잃어버린 시계는 다른 것으로 채워 넣어 살지만, 평생을 같이 하며 살던 사람을 잃으면, 그 슬픔과 회억(回憶)은 영원하다. 아무리 고루(孤淚)를 쏟으며 기다려도 돌아오지 않는다. 해로동락(偕老同樂)의 기쁨보다 더한 것은 없으니, 살아생전에 꼭 그렇게 하며 살기를 바라며 이만 줄인다.

삼식이(三食)의 고독

지금의 나의 유일한 거소는 방안이다. 그렇게 된지 꽤 오래 되었다. 직장에서 물러난 지 벌써 15년 이상이나 된다. 갈 곳이 별로 없는지라 자연히 거소가 방안으로 좁혀졌다. 몇 개의 바깥 모임이 있었지만 거의 다 없어졌다. 나오던 놈들이 부대끼다가 다 산으로 갔다.

지금 나가고 있는 모임도 처음에는 20여 명으로 시작 되었지만, 그간 하나 둘씩 사라지더니 지금은 고작 10여 명이 나온다. 갈 곳이 별로 없으니, 방안으로 거소를 옮겨 방안을 지키는 방안퉁소가 되었다.

방안에 있는 것이라고는 고작 고색이 창연(蒼然)한 몇 개의 가구뿐이고, 사람이라고는 아내와 나 뿐이다. 집사람이 혼자 들락거리니 우리집의 유일한 숨통이다.

이른 아침에 나가 산책을 한 시간여 정도 하고 돌아오면, 하루 종일 붙박이처럼 방안에 처박혀 산다.

집사람은 말주변이 좋아 수영장이나 밖에서 일어난 일을 소상히 전한다. 매우 들을만 하다고 생각되어 잘 들어준다. 집사람과 나는 상호 공존의 관계이고 서로 의존하며 산다. 지배 관계가 아니고 전적으로 공존 관계다. 반찬 투정이라고는 아예 해본 적이 없고, 원래 무소부식(無

所不食)으로 단련되어 못 먹는 것이 없다.

반찬 투정을 잘못했다간 다음 공급원(供給源)이 차단되면 큰일이 난다. 하루에 밥 세끼를 꼬박꼬박 얻어먹으니, 삼식이의 완전한 신세가 되었다. 아내가 해주는 모든 음식을 천하 일미로 여기며 잘 먹는다. 인생 말년에 참 잘 되었다는 생각이 든다.

아침밥을 먹고 나면 곧 점심을 준비해야 하고, 점심밥을 먹고 나면, 저녁밥을 준비해야 한다. 아무리 음식의 달인이라도 지겨운 일이다. 아내의 머릿속은 늘 밥걱정으로 가득할 것이다. 끼니마다 기발한 아이디어를 발휘해야 한 끼의 밥이 나온다. 아내는 밥을 만들어내는 천재다.

새는 바람이 부는 날을 택하여 집을 짓는다. 바람이 없는 날에 지은 집은 바람이 부는 날엔 견디어내지 못하기 때문이다. 낙엽이 지고 바람이 세차게 불어도 새의 집이 나뭇가지에 붙어 있는 것은 바람이 세찰 때 지었기 때문이다.

세상을 살되 늘 비오고 바람 부는 날을 대비하여 살아야 한다. 세상은 늘 햇빛 찬란한 눈부신 날만 있는 것이 아니기 때문이다.

어렸을 때부터 집이 가난했던지라 먹을 것이 넉넉지 못했다. 그저 소식(小食)과 소식(疏食)으로 배를 채우며 살았다. 그러다 보니 지금은 아무 음식이나 잘 먹는다. 산해진미(山海珍味)는 먹기는 좋지만, 너무 즐기다 보면 돈족(豚族)이 된다. 지금 먹고 있는 음식은 평범한 음식으로 나의 말년을 위해 참 좋은 건강식이다.

사람은 누구나 자기 혼자의 생애를 살다가 자기 혼자의 죽음을 맞이해서 간다. 나처럼 삼식이의 신세가 되어 사는 사람도 많지만, 나와 똑같은 것을 취하여 먹고 입고하며 사는 사람은 없다. 각자 자기의 그림과 무늬를 그리며 살다가 간다.

늙었다는 가장 확실한 징후는 고독이다. 내 늙지 않았더라면 산도 타고, 물도 가르고, 달음질도 하고, 여러 사람 속에서 소요도 즐기며 살 것이다. 생의 성취라고는 없이 사니, 자연히 기쁨 같은 것은 없다.

병아리들이 받아먹는 모이처럼, 삼시 세끼를 도락(道樂)처럼 받아먹으며 사니 이것이 고독이다. 날마다 세끼를 차려 내놓는 아내의 고독도 또한 클 것이다.

내가 삼식이의 고독을 이야기하고 있지만, 기실은 팔자 좋은 사람의 타령이요 넋두리다. 사실 나는 세끼 밥 고스란히 얻어먹는 누구보다도 팔자 좋은 사람이다. 눈물의 밥을 먹는 사람도 아니고, 먹을 것이 없어서 굶기도 하는 사람도 아니다. 단 하룻밤의 노숙의 밤이라도 지샜더라면, 인생의 의미를 더 깊이 느낄 수도 있었을 것이다.

인간만큼 섬세한 감정을 가진 동물은 없다. 조금만 추워도 춥다고 하고, 조금만 더워도 덥다고 한다. 좀 저속한 표현을 빌면 인간만큼 엄살이 많은 동물도 없다. 조금만 아파도 죽는 시늉을 하고, 조금만 일이 잘못되어도 화를 내서 분통을 터뜨린다.

인간은 동물에 비하면 위대한 영물(靈物)이지만, 신에 비하면 불완전하기 그지없다. 때로는 동물보다도 악하여 동물성을 발휘한다. 형제도 죽이고, 부모도 죽이고, 대량 살육(殺戮)도 한다. 사람이 좋은 것 같아도 사람보다 악하고 무서운 동물도 없다.

인간은 가인의 후예요 사탄의 벗이다. 인간은 선하고 만물의 영장이지만, 모순이 많은 모순적 존재다. 그들의 마음속에는 선과 악이 공존하고, 빛과 그늘이 공존한다. 이렇게 인간은 이중적 구조를 가지고 있다. 나에게도 이런 이중성이 있어서 때로는 나를 비참하게 만든다. 엄살을 부리며 죽는 시늉을 하지만, 기실 속내를 들여다보면 아무것도 아니다. 지금의 고독 타령도 실은 엄살이다.

지금은 음식이 범람하는 시대다. 배가 고파봐야 음식의 맛을 알고, 갈증을 느껴봐야 물맛을 안다. 큰 상에 걸게 차려놓은 음식만을 먹는 사람은, 생활이 고단한 자의 초라한 밥상의 맛을 모른다. 평소에 낮은 음식(惡食)으로 배를 채우며 사는 사람은 훗날의 고경(苦境)을 이겨낼 힘을 얻을 것이다.

아내가 해주는 음식에 조금의 불만도 없이 잘 먹는다. 인생과의 인연이 다하여 황혼 녘에 이르면, 더욱 사정은 어려워져서 거소는 더욱더 깊은 방안 속이 될 것이다. 이런 숙명적 현실에 만족하며 살기가 어렵겠지만, 모두가 가는 길을 나라고 아니 갈 수 있겠는가?

무엇이든 자세히 보아야 예쁘고 오래 보아야 사랑스럽다고 한다. 조금 해보고 싫다고 해서는 안된다. 방안퉁소의 생활도 오래 해보면 살만하고, 길이 트이고, 묘책도 생긴다. 고독하다는 이야기는 행복한 자의 한낱 푸념이요 넋두리요 엄살이다.

의사와 환자 사이

의사와 환자는 서로 주고받는 수수(授受)의 관계다. 의사는 환자의 병을 고쳐주는 사람이고, 환자는 의사가 병을 고쳐주어 환생(還生)의 기쁨을 누리는 사람이다.

의사처럼 공부를 많이 한 사람도 드물다. 그만큼 생명은 소중한 것이고, 병이 든 생명을 고쳐내는 일은 어렵기 때문이다. 남의 몸속에 깊이 잠재된 병을 고쳐내는 일은 지난(至難)하기 그지없는 일이다.

평생을 병마와 싸우며 살아야 할 사람의 병을 일격(一擊)의 신수(神手)로 고쳐주었다면, 그런 의사야말로 참으로 좋은 의사다. 그런 의사를 일러 명의(名醫)라고 한다.

의사는 고치기 힘든 병을 고쳐서 살려주는 기쁨을 맛보는 사람들이고, 환자 또한 생(生)과 사(死)의 기로(岐路)를 수없이 넘으며 살아나는 기쁨을 맛보는 사람들이다.

병이 가벼우면 가벼운 관계가 이루어지고, 병이 무거우면 무거운 관계가 이루어진다. 병이 가볍던 무겁던 두 사람 간의 관계는 잊지 못할 관계가 된다. 아무리 가벼운 병도 경거망동(輕擧妄動)하다간 큰 병이 될 수도 있다.

생명은 그 어떤 것으로도 살 수 없는 소중한 것이다. 그래서 의사는 밤을 새워가며 많은 공부를 해야 하고, 많은 공부를 하지 않는 의사는 환자가 무섭고 집도(執刀)하기가 무섭다. 환자가 죽은 다음에는 아무 소용이 없고, 살아 있는 동안에만 소생의 희망이 있고 사는 기쁨이 있다.

생명이 있는 것은 언젠가는 다 죽는다. 나이가 더 많을수록 더 살고 싶지만, 부질없는 노욕(老慾)이다. 갈 때가 되면 가야 하고, 갈 준비를 해야 한다. 갈 때가 되었다고 생각하면 스스로 자기 몸을 내놓아야 한다.

삼쾌(三快)라는 것이 있다. 세 가지가 아무 탈이 없으면 건강하다는 뜻이다. 첫째는 쾌식(快食)이요, 둘째는 쾌면(快眠)이요, 셋째는 쾌변(快便)이다.

밥을 맛있게 먹을 것이요, 잠을 쾌하게 잘 것이요, 변을 쾌하게 누어야 한다. 이 세 가지가 잘 되면 몸에는 아무 이상이 없다.

밥이 맛이 없으면 몸의 어딘가에 이상이 있을 것이요, 잠을 쾌하게 자지 못하면 몸의 어딘가에 이상이 있고, 변을 쾌하게 누지 못하면 내장의 어딘가에 이상이 있을 것이다. 평소에 삼쾌가 이루어질 수 있도록 노력해야 할 것이고, 삼쾌에 이상이 없으면 의사도 필요 없고 환자도 또한 병원에 갈 필요가 없다.

의사들이 소정의 학교 과정을 마치고 졸업을 하게 되면, 졸업식장에서 오른 손을 들고, 히포크라테스의 선서를 한다. 히포크라테스라는 분은 임상의 관찰과 경험을 중시하는 과학적 의학법을 수립한 의학의 아버지다. 졸업생들이 행한 선서의 몇 구절을 여기에 적는다.

"이제 의업에 종사하라는 허락을 받음에/ 나의 생애를 인류 봉사에 바칠 것을 엄숙히 서약하노라/ 환자의 건강과 생명을 첫째로 생각하겠노라/ 나는 환자가 알려주는 모든 것에 대하여 비밀을 지키겠노라/ 나는 자유의사로서 나의 명예를 걸고 위의 서약을 하노라."

히포크라테스 선서는 구구절절이 평생을 의업에 종사하는 의학도들에게, 단 한 순간도 잊어서는 안 될 경고의 메시지다. 생명에 대한 사랑과 존경은 그 어떤 것에 우선해서 바쳐야 할 소중한 것이다.

의사는 건강해야 한다. 의사의 건강이 부실하면 환자의 생명을 돌볼 수가 없다. 의사는 늘 신선한 안색과 건강미를 보여야 한다. 환자들이 의사의 부실한 건강과 빈약한 체구를 보고, 어떻게 그들의 건강과 생명을 맡길 수 있겠는가. 나의 평안을 먼저 구하지 않고, 한 번 갈 곳은 두 번 가고, 늘 따뜻한 마음과 사랑으로 환자의 건강과 생명을 먼저 생각해야 한다. 환자가 흘리는 눈물의 의미를 모르고서는 의사로서의 자격이 없다.

이 세상에 의사의 환자에 대한 사랑보다 더 순수하고 진실한 것은 없다. 의사의 사랑이 진실치 못하면 환자를 감동시킬 수가 없다. 의사의 진실함이 환자를 감동시키고, 환자로 하여금 모든 어려움을 극복하게 한다.

생명의 현장은 1,2초를 다툴 만큼 절박하다. 걸어가야 할 곳을 의사는 뛰어서 간다. 의사가 된 것을 영광과 명예롭게 생각해야 한다. 환자의 생명을 구하는 데 자기의 모든 명예와 능력을 바쳐야 한다. 걸어가야 할 때 뛰어가서 환자의 생명을 구해야 한다.

의사는 명예로운 직업이고 아무나 하는 직업이 아니다. 양심과 품위로써 그 명예를 지킬 것이며, 어떤 어려움이 있더라도, 그간에 닦은 지식과 능력을 인류의 생명 구원에 바쳐야 한다.

피부를 째고 빨간 살을 헤쳐, 흐르는 피를 닦고, 뱃속 깊은 곳까지 칼을 집어넣는 용기와 고통은, 환자가 느끼는 고통보다 훨씬 더한 고통이다. 용기가 없는 자는 의사가 될 수 없고, 용기 있는 자만이 환자의 살을 째서 피고름을 짜낼 수 있다. 이 세상에는 아무리 애를 써도 안되는 일이 있고, 아무리 애원해도 고치지 못하는 병이 있다. 환자의 이승과의 인연이 이것뿐이기 때문이고, 이것이 곧 의사와 환자의 인연이요 숙명이다.

내가 가지고 있는 것은 모두 헌 것

내 나이가 80이 넘었으니 물건으로 치면 80년을 쓴 셈이다. 머리도 80년을 썼고 그 외 모든 것도 그러하니, 모든 것이 80년 묵은 헌 것이다. 머리의 쓰임이 옛날 같지가 않은지라 깜박깜박할 때가 많다. 어떤 때는 한참만에야 되살아나니, 겨우 체면을 유지하는 셈이다. 어떤 때는 일이 잘못되어 다른 사람들로부터 폭소가 쏟아지기도 한다.

어느 모임에서 건배 선창을 하라는 요청을 받았다. 앞에 해야 할 말은 다 했지만, 맨 마지막에 해야 할 '건배'라는 말이 생각나지 않아 잠시 망설였다. 옆에서 귀띔을 해주는 바람에 간신이 고경(苦境)을 면하게 되었다.

이런 건배 선창은 지난날에 수없이 많이 해서, 단련이 잘 되어 있는지라 실수할 이유가 전혀 없다. 그런데도 가끔 이런 실수를 하는 것은, 이를 행해야 할 머리가 헌 것이 되어 있기 때문이다. 이런 현상은 갈수록 심해질 것이지만, 어찌 하겠는가. 어쩔 수가 없다.

사람을 앞에 놓고 그 사람의 이름이 생각이 나지 않아 한참을 망설여야 한다. 이런 현상이 다반사로 일어나니 참 답답할 일이다.

나는 아직은 지팡이를 짚지 않고 다닌다. 직립 보행(直立步行)에 아직은 이상이 없다. 두 다리가 아직은 성해서 걷는 일에 지팡이가 필요 없다. 하늘에서 내린 복이 크지 않은들 이럴 수는 없을 것이다.

이른 아침에 공원의 트랙에 나가 보면, 지팡이를 짚고 도는 사람이 몇 사람 있다. 있는 힘을 다해서 돌지만, 다른 사람을 따라 잡지는 못한다. 속상할 일이지만, 체념한 지 오래인 듯 담담하게 돈다.

나는 아직도 글도 쓰고, 집안 청소도 하고, 집안의 무거운 물건은 내가 다 옮긴다. 집안에서는 아직은 내가 상일꾼이다. 두 팔 양 다리가 아직은 괜찮은 편이다.

나의 두 눈이 헌 것이 된지 오래 되었다. 그러다 보니 안경을 쓰지 않을 수가 없다. 사전 속의 깨알 같은 작은 글씨를 봐야하고, 때로는 밤늦게까지 책을 봐야하니, 시력은 날이 갈수록 부실해질 수밖에 없다.

나에게 눈은 그지없이 고마운 녀석이다. 이 녀석 때문에 평생을 책을 읽으며 살았고, 이놈들의 힘으로 10여 권의 책을 써서 세상에 내놓았다. 좋은 눈이 있었던 덕에 교직의 대업을 마쳤고, 자식들을 가르치고 굶겨 죽이지 않았다. 눈의 고마움이 얼마나 큰지는 모든 필설(筆舌)을 다 동원해도 모자란다. 어찌 눈뿐이겠는가. 몸의 모든 지체(肢體)가 하나로 연합하여 움직이니, 이보다 더한 고마움이 없다.

친구 놈들 중에 귀가 먹통이 된 놈들이 더러 있지만, 나는 아직은 괜찮다. 아무리 예민한 귀도 개미의 소리는 듣지 못한다는 말이 있다. 내가 아직은 괜찮다고는 해도 미세(微細)한 소리는 들리지 않는다. 내 그간 학문을 했다고는 해도 깊은 학문의 소리는 듣지 못한다. 안들리는 소리는 못듣는다 해도, 들리는 소리는 아직은 잘 들으며 산다.

그간 술, 담배 잘 참으며 살았고, 아내가 해준 밥을 선식(仙食)으로 여기며 산지라 아직은 큰 탈이 없는 듯하다. 아무리 그래도 노쇠의 흔적은 역연하여 헌 것이 되었다.

나무가 고목이 되면 조금만 건드려도 부스러진다. 꽃도 피지 않고,

새들도 고목에는 자리를 피하여 앉는다. 그러다가 바람이라도 크게 불면 우지끈 대성(大聲)을 내며 무너진다.

고목봉춘(古木逢春)의 기적은 아예 없고, 한번 무너지면, 영원한 별리(別離)의 길에 들어선다. 세상 만물은 철따라 꽃이 피고, 새잎, 새 가지를 내며 자라지만, 사람은 한번 헌 것이 되면, 돌이킬 수 없이 보기 흉한 것이 된다. 사지에 힘은 날로 쇠진하고, 숨길은 가빠 목구멍에서는 헌 방귀소리가 들린다.

돈 많은 멋쟁이들은 철따라 새 옷으로 바꾸어 입지만, 나 같은 빈족(貧族)들이야 작년에 입던 것을 금년에 입고, 명년, 재명년에도 계속해서 입고 다니니… 멋없기 그지없는 헌 노인이 되었지만, 그래도 마음이 편하니 참 좋다.

10년 이상 신고 다녔던 구두를 그대로 신고 다니니, 헐떡거리는 소리가 유별난 예리성(曳履聲)으로 들린다. 신 한 켤레가 몇 푼이나 된다고, 신물도 나지 않는 듯 그처럼 오래도록 신고 다닌다. 헌 신을 신고 다니면, 더욱 헌 사람이 되어 보일 터이지만, 몸을 지탱하기에는 헌 것이 훨씬 더 좋다. 내가 내것을 사서 입은 적은 없고, 집사람이나 아들, 며느리가 사다 주어 입고 다니니, 더욱 자랑스럽게 느껴진다.

모자도 헌 것이고, 시계도 헌 것이고, 신도 헌 것이고, 옷도 물론 헌 것이고, 내가 가지고 있는 것이라고는 모두가 다 헌 것이다.

몸이 헌 것이면 마음이라도 새것이어야 한다. 바르게 살려는 노력은 몸의 노쇠와는 상관이 없다. "착한 일을 행하는 것이 가장 즐겁고"(爲善最樂), "사람의 도리를 찾아 행하는 길이 가장 큰 길이니라."(道理最大)라고 하였다. 몸은 헐어 헌 것이 되었지만, 마음은 바르게 살려고 노력을 한다.

몸은 헐어 헌 것이 되었지만, "마음은 진실을 구하며 살려고 한다."(心誠求之) 그렇게 계속해서 진실을 구하며 살면, "비록 중심은 구하지

못한다 해도"(雖不中) "크게 중심에서 벗어나지는 않을 것이니라."(不遠矣)

내 그간 수없이 많은 잘못을 저지르며 살았지만, 세상을 놀라게 할 만큼 나쁜 짓을 행하지 않았으니, 그런대로 사람된 도리를 행하며 산 셈이다.

"열심히 행하며 살면 후회하지 않는다."(誠無悔)는 말을 금과옥조(金科玉條)로 여기며 산다. 그저 천은(天恩)에 감사할 따름이다.

헌 옷을 입고, 헌 구두를 신고 나가도 조금도 부끄럽지 않는 것은, 마음으로 늘 깨우쳐 살고, 부끄럼 없이 살려고 애쓰기 때문이다.

속이 빈 사람일수록 그럴듯하게 차려입고 나간다. 헌 구두라도 잘 닦아서 신고, 헌 옷도 잘 손질해서 입으면, 겉차림이나 속차림이 좋아 보일 것이다.

그간 80년 이상의 세월에 시달렸으니, 돌이킬 수 없는 헌 것이 되었다. 지금의 헌 몸도 언젠가는 한 줌의 부토(腐土)로 변해 녹아 사라질 것이다.

숨을 거두는 순간까지는 더욱 더 헌 것이 되겠지만, 닦고 또 다듬고 잘 가꾸어 살기를 기원한다. 아무리 헌 것도 잘 다듬고 아끼며 살면, 새것처럼 알뜰한 느낌이 들고, 없는 힘도 내어 살면, 힘차게 그리고 더 당당하게 살 수 있을 것이다.

해기분(解其粉)

얽힌 것이 있으면 풀어라

사람은 서로 어울려 산다. 그러다 보니 얽히는 일이 가끔 일어난다. 이해관계의 크기에 따라 얽히는 정도도 다르다. 얽히지 않고 살면 되지만, 인간관계가 그렇게 단순하지는 않다. 부부 간에도 얽히고, 부자지간에도 얽힌다. 늙어서 얽히면 언제 풀고 갈 시간이 없다.

가족 간에 얽히면, 살기가 힘들어진다. 매일 만나야 하는 사람들이기 때문이다. 친구지간이나 지인 간에도 얽힌다. 오래 얽히면 마음이 상하고, 마음이 상하면 몸도 상한다.

"덕은 외롭지 않아서 이웃이 있다."(德不孤 必有隣)는 말이 있다. 덕이란 밝고, 옳고, 크고, 선하고, 빛나고, 아름답고, 따뜻하고, 부드러운 마음씨나 행실을 말한다.

이런 사람들은 이해심이 깊고, 남을 용서하고, 양보하며 사는 사람들이다. 얽히면 빨리 풀어야 한다. 낮에 얽히면 밤에 풀고, 오늘 얽힌 것은 내일 풀어야 한다. 그래야 밤이 따뜻하고, 하루하루 살기가 즐겁다.

"성미가 급한 자는 타오르는 불과 같아서 만나는 것마다 태워버린다."(燥性者는 火熾라. 遇物則焚이라.)(채근담) 나도 성미가 급해서 자주 얽힌다. 채근담(菜根譚)에 나와 있는 이 글귀를 권하니 잘 음미하며 살기 바란다.

이 세상에서 가장 가까운 사람

나는 대상포진(帶狀疱疹)이라는 병 때문에 고생한 적이 있다. 참 무서운 병이다. 왼쪽 귀의 뒤쪽 부위가 이상하더니, 송곳 같은 것으로 찌르는 듯한 통증이 계속되었다. 어찌나 통증이 심하던지 밤이 새도록 잠을 한숨도 이루지 못했다.

다음날 병원에 갔더니 대상포진이라고 하며 입원해야 한다고 했다. 하지만 입원실이 없어 한참을 기다려야 했다. 반나절 정도 기다린 후에야 방이 났다며 들어가라고 했다.

방에 들어가 보니 두 부부가 치열하게 싸우고 있었다. "당신이 죽던지 아니면 내가 죽던지, 두 사람 중 한 사람이 죽어야 이 흉한 꼴을 보지 않을 것 아니냐." 하고는 부인은 보따리를 싸가지고 집으로 가버렸다.

영감님의 나이는 85세이고 병명은 원인 미상의 흉통(가슴앓이)이라고 기록되어 있었다. 참 고약한 병인 듯 했다. 부인도 같은 또래의 나이로 바닥 침대에서 쪽잠을 자며 병수발을 하고 있었다. 그 나이에 그러기를 계속하기가 힘들 것처럼 느껴졌다.

부인이 떠나간 지 얼마 되지 않아, 영감님이 옷에다 똥을 쌌다. 긴장이 되어서 그런 것인지, 아니면 긴장이 풀려서 그런 것인지는 알 길이 없다. 방안은 온통 분향(糞香)이 가득한지라, 간호사에게 가서 방을 옮겨달라고 했지만 별무소용이었다.

영감님이 퇴원하겠다고 했다. "여러분에게 미안해서 견딜 수가 없다."고 했다. 아주 단호하게 안된다고 했다. 가다가 죽을 수도 있으니, 조금만 기다리라고 했다. 방안의 환자들이 모여 상의를 했다. "우리도 머지않아 저분과 같은 길을 가게 된다. 저분을 도와주자."고 했다. 핸드폰으로 부인을 부르자고 했다. 이 문제를 해결할 사람은 부인밖에 없기 때문이다. 똥을 치울 사람은 우리도 아니요, 간호사도 아니요, 부인만이 할 수 있기 때문이다.

핸드폰으로 부인을 불렀다. 만약 부인이 오지 않는다고 하면, 그 부인은 이 세상에서 가장 나쁜 부인이라고 했다. 그런데 부인이 왔다. 챙길 것을 챙겨 가지고, 택시를 불러 타고 총알같이 달려왔다.

오자마자 남편의 환자복을 벗기고, 내의를 벗기고, 물수건으로 남편의 몸을 닦기 시작했다. 이리 굴리고 저리 굴리고, 남편 국부를 비롯하여 항문까지 손이 닿는 곳은 모두 깨끗이 닦아 냈다. 새 내의를 갈아입히고, 환자복을 새롭게 갈아입히고, 새 이부자리를 깨끗하게 깔아, 온갖 것을 깨끗하게 했다.

사람도 새 사람이 되고, 침대를 비롯하여 그 외 모든 것이 새것이 된 듯, 분위기는 일신(一新) 되었다. 아내가 그 일을 해냈다. 아내는 참 위대하다. 아내 이외에 누가 그 일을 하겠는가. 간호사가 하겠는가. 우리들이 하겠는가. 아무리 생각해봐도 아내는 위대하다.

인간관계는 가까운 사람들 간의 관계다. 이 세상에서 가장 가까운 사람은 뭐니 뭐니 해도 아내다. 아내는 혈륜의 관계가 아니요 법으로 맺어진 관계다. 법의 끄나풀을 풀면 언제든지 끝나버릴 관계다. 자식은 혈륜적 관계여서 법으로도 끊을 수 없는 영원한 관계다. 그래도 아내가 더 가깝고 좋다.

어진 아내는 늙을수록 좋은 벗이요, 자식들에게 못할 말을 서로 나누며 사는 관계다. 두 사람 사이에는 숨겨야 할 비밀이 없으니, 이보다 더 가까운 관계가 어디 있겠는가.

옛말에 효자불여악처(孝子不如惡妻)라는 말이 있다. 효자보다도 악처가 더 낫다는 말이다. 내가 어려울 때, 나를 도와 살게 할 사람은, 멀리 있는 효자가 아니요, 옆에 있는 악처가 더 낫다하여 하는 말이다. 아무리 가까운 친척도 멀리 있으면, 이웃보다 못하다 하여, 원친(遠親)이 불여근린(不如近隣)이라는 말이 나왔다.

잠자리를 같이 하며 살고, 몸의 살을 같이 비비며 살고, 온갖 길흉화복(吉凶禍福)을 같이 나누며 사는 아내보다 더 좋은 사람은 없다.

선량한 아내는 선량한 남편을 만든다는 말이 있다. 선량한 아내와 같이 살면, 남편도 또한 선한 아내를 닮아 선하게 교화(敎化)된다. 아내가 선한데 남편이 악해질 수가 없다. 남편과 아내는 하늘이 내린 천연(天緣)으로 결합된 천생연분(天生緣分)의 관계다.

어진 아내와 같이 살면 나의 마음도 어질어지고, 예쁜 아내와 같이 살면, 내 마음도 날로 예뻐지고, 외모도 날로 예뻐져서 세상 살기가 날로 좋아진다.

그러나 미인박명(美人薄命)이라는 말이 있다. 얼굴이나 몸매가 미인이면 속아지나 성질이 고약하여 남편이나 가족을 괴롭힌다. 때로는 해서는 안될 못된 짓을 행하여 종래에는 부부를 불행하게 만든다. 속된 표현을 빌면, 팔자가 사나운 여인을 일컬어 미인박명이라고 한다.

아내는 나와 제일 가까운 사람이다. 내가 옷에 똥을 싸면, 그 똥을 치워줄 사람이요, 내가 어려워 힘들어지면, 나를 도와 덜 힘들게 한다. 그런 아내와 같이 사는 기쁨보다 더 큰 행복과 기쁨은 없다.

삼시 세끼 중 한 끼도 거르지 않고 밥을 다 해낸다. 그 일이 쉬운 일이 아닌데도 어렵다 하지 않는 인내의 화신(化身)이다.

아내가 남편에게 반해 있을 때 만사가 잘되고, 남편 역시 아내에게 반해 있을 때 만사형통의 큰 기쁨으로 산다. 모든 집안일이 안 되는 일이 없이 다 잘 된다. 세상의 모든 아내들이여! 남편들이여! 우리 모두 남편과 아내에게 반해서 살자. 그러기를 모두 기원하자!

아내가 끊임없이 남편에게 순종하면, 남편을 지배한다는 말이 있다. 남편을 지배하고자 하는 여인들이여! 온갖 욕설과 화풀이로 남편에게 덤벼들어 보라. 힘으로 하려다가 얻어맞고, 얻어맞은 흔적은 영원한 주홍 글씨(Scarlet Letter)가 되어 온몸에 새겨질 것이다.

남편을 지배하고자 하거들랑, 애잔한 힘으로 하지마라. 애잔한 힘으로 하려다가 되레 얻어맞고 눈물을 짤 것이다. 오직 순종으로 남편을 공경하면, 남편은 그대들에게 충성을 다해 받들어 모실 것이다.

아름다운 사람들(1)

나는 가끔 전남대학교(여수)에 올라간다. 전적으로 내 일 때문이다. 어느 행정부서의 복도에 '융합인재교육'이라는 간판이 걸려 있었다. 내가 그 대학에서 근무할 때는 그런 말조차도 사용되는 일이 없었다. 대학에서 나온 지 15년 이상이 되었으니, 금석지감(今昔之感)을 느끼게 한다. 확실히는 알 수 없으나 최근에 내걸은 것 같은 느낌이 든다.

융합(融合)이란 말은 두 개체가 결합하여 완전한 하나가 되는 것을 말한다.(Fusion) 두 개체가 결합되었으되, 외부에서 어떤 작용을 가하면, 분리해서 떨어지는 것을 물리적 결합이라 하고, 아무리 어떤 작용을 가해도 떨어지지 않는 것을 화학적 결합이라고 한다.

교육의 주체는 학교이고, 학교에서 학생들을 잘 가르쳐 산업체로 내보내면, 산업체에서도 그들을 잘 가르쳐 그곳을 움직이는 훌륭한 일꾼이 되게 한다. 학교와 산업체의 융합이 잘 이루어질 때, 학교는 좋은 인재를 길러내는 상아탑이 되고, 산업체 역시 잘 운영되는 명실상부(名實相符)한 좋은 산업체가 된다.

학교는 지식을 가르치는 곳이기도 하지만, 바르고 진실하게 살아가는 선량한 지성인을 만들어 내는 곳이다. 강의실에서 땀 흘려 강의하고, 열심히 그 강의에 경청하는 학생들보다 더 아름답게 보이는 것은 없다. 밤이 이슥하도록 강의록을 작성하는 교수의 모습은 아름답고, 학생들에게 감동과 영감을 불러일으키는 강의는 학생들에게 꿈과 희망을 준다.

나도 교육을 했던 사람이다. 남보다 잘하지 못하고 나온 것에 회한(悔恨)의 아쉬움이 크다. 어려울 때는 비겁하게 내 몸이 먼저 편하기를 구하고, 회초리를 들어야 할 때, 용기가 없어서 그러지 못했다. 연구에 게을렀으니 강의는 늘 부실하고 명료하지 못했다.

머릿속으로는 잘 알고 있으면서도 실천에는 한없이 더디었다. 전정(剪定)을 받지 않고 자란 나무는 구부러진 나무가 되고, 꾸지람을 받지 않고 자란 아이는 교만하여 세상을 어지럽힌다. 겨울이 추우면 다음 봄의 잎사귀들이 윤기가 더 나듯, 사람도 때로는 혹독하게 단련되지 못하면 바른 사람으로 성장하지 못한다. 좋은 놈을 만들어 내놓으려고 분투 노력하는 스승이나, 스승의 뜻을 받아 좋은 놈이 되려고 노력하는 제자보다 더 아름다운 것은 없다.

사람은 흠이 많은 동물이다. 때로는 동물보다 악하여 동물보다 악한 짓을 서슴없이 행한다. 교육이 없었더라면 이 세상은 아비규환(阿鼻叫喚)의 생지옥이 되었을 것이다. 늘 선한 마음으로 남을 도우며 살고, 아무리 어려워도 땀 흘려 열심히 일하는 사람들은 이 세상의 아름다운 보석들이다.

옥은 갈지 않으면 그릇이 될 수 없다(玉不琢 成不器)는 생각으로, 교육자들은 힘들지만 열심히 가르쳐서 나라의 좋은 동량(棟樑)이 되게 한다.

교육의 성자(聖者)인 페스탈로치의 묘비의 글귀는 가끔 상상은 하지만, 좇아 행하는 데는 늘 뒷전이었다. 내 여기에 그의 비문을 소개하여, 천하 만민이 그의 높은 뜻을 상기케 하고자 한다.

교육자의 상징인 페스탈로치의 묘비는 그가 탄생한 지 100년이 되는 1846년 1월 12일에 세워졌다. 지명(地名)은 읽기가 어려워 다 빼고, 그가 행한 일만을 여기에 옮기니 양해하기 바란다.

"1746년 12월 쥬리히에서 태어나, 1827년 2월 17일 부르크에서 숨진 하인리히, 페스탈로치 여기에 잠들다. 가난한 자의 구조자, 인민에게 가르친 사람, 고아의 아버지, 초등학교의 창시자, 인류의 교육자, 인간! 그리스도교도! 시민! 모든 것을 남을 위해서 바치고, 자기를 위해서는 아무것도 남기지 않은 그 이름에 은혜가 있기를! 1846년 감사하여 마지않는 아르가우주(州)"

그는 세상에 빛나는 교육의 금자탑이다. 세상에 아름다운 것이 많다 해도 이보다 더 아름다운 것은 없다. 교육의 성자로서 영원무궁 만인의 가슴 속에 오래 남아 기억될 것이다. 자기를 위해서는 아무것도 남기지 않았지만, 세상을 위해서는 모든 것을 다 내놓아 바쳤다.

남편과 아내 또한 하나로 융합하여 부부가 되고, 일편단심 변함없이 백년해로(百年偕老)하고, 해로동락(偕老同樂)의 기쁨으로 살다가 해로동혈(偕老同穴)의 운명적 최후를 맞는다.

"여호와 하나님이 아담을 깊이 잠들게 하시니 잠들 때 그가 그 갈빗대 하나를 취하고 살로 대신 채우시고 아담 안에서 취하신 그 갈빗대로 여자를 만드시고 그를 아담에게로 이끌어 오시니 아담이 가로되 이는 내 뼈 중의 뼈요 살 중의 살이라 이것을 남자에게서 취하였는데 즉 여자라 칭하리라 하니라 이러므로 남자가 부모를 떠나 그 아내와 연합하여 둘이 한 몸을 이룰지로다.(창세기 2장)

부부란 어떤 일이 있어도 떨어지지 않고 해로동혈할 때까지 하나가 되어 살 때, 잘 융합되어 산 부부라 할 것이다. 작은 이유나 충격을 이겨내지 못하고 헤어진다면 세상의 불행 중에 가장 큰 불행이다.

옛말에 골아도 젓국이 좋고 늙어도 영감이 좋다는 말이 있다. 인생 말년은 축복이 아니고 고통이다. 말년이 살기 어려운 것은 빈곤과 병고와 고독이다.(노년 3苦) 이 세 가지가 거의 압살(壓殺)할 정도로 밀려와 노년을 압박한다. 이를 이겨내고자 하면 부부가 하나가 되어야 한다. 이것이 가족으로 이어질 때 온 가정은 참으로 아름답고 살기 좋은 곳이 된다. 남편이 선량하면 아내가 선량해지고, 어진 아내와 같이 살면 남편의 마음도 어질어진다. 아내가 선량한데 남편이 악해질 수가 없다.

남편과 아내가 하나로 융합되어 살아갈 때, 이 세상에서 가장 아름다운 모습이 된다.

귀머거리 남편과 눈 먼 아내가 가장 행복하다 하였다. 귀가 먹었으니 아내의 잔소리가 들리지 않고, 눈이 멀어 있으니 남편의 외도나 다른 나쁜 짓을 보지 못하고 사니 행복하다 함일 것이다. 들은 것 못들은 체 하고, 본 것 못본 체 하고 살면 서로 간에 오해 같은 것이 없어서 잘 살 수 있을 것이다.

화학적 결합은 남편과 아내의 융합적 결합이다. 외부의 어떤 충격에도 깨지지 않고, 융합된 힘으로 잘 버티며 살고, 만난을 무릅쓰며 즐겁게 살 수 있을 것이다.

이 세상에 아름다운 것은 많지만, 좋은 인재를 만들기 위해 학교와 산업체가 하나로 융합이 되고, 스승과 제자가 하나로 융합이 되어 교육이 이루어지고, 남편과 아내가 우답불파(牛踏不破)의 사랑으로 융합이 이루어질 때, 이 세상에 이보다 더 아름다운 것은 없을 것이다.

아름다운 사람들(2)

언젠가 기차 여행을 할 때였다. 내 옆자리에 70세 가량의 젊은 노인과 같이 앉게 되었다. 어딜 갔다 오느냐고 물었더니, 서울에 신병 치료차 갔다가 치료가 끝나 집으로 돌아가는 길이라고 했다. 한참을 가다가 배낭에서 옥수수 2개를 꺼내 먹겠다고 했다. 친척이 가다가 시장할 것이라며 주었다고 했다. 워낙 배가 고파서 나에게는 드릴 수 없으니 미안하다고 했다.

다 먹고 나서 옥수수 깡탱이를 자기 앞에 걸려 있는 쓰레기 망에다 집어넣었다. 한참을 가다가 다 왔다며 내리겠다고 했다. 쓰레기 망에 들어 있는 옥수수 깡탱이는 다시 꺼내, 자기 배낭에다 집어넣고 안녕히 가시라고 하고 가버렸다.

그 후에 젊은 사람이 와서 내 옆에 앉았다. 차림새나 여러 면모로 보아 대학생인 듯한 느낌이 들었다. 아무 말 없이 한참을 가다가 음료수를 꺼내 먹는 것 같았다. 먹고 나서 그 음료수 병을 앞에 걸린 쓰레기 망 속에 집어넣었다. 시간이 많이 흘러 그가 내릴 때가 된 듯 짐을 챙기는 것 같았다. 쓰레기 망 속에 넣어 두었던 음료수 병을 다시 꺼내 자기 가방 속에 넣고 가버렸다.

그 두 사람은 한결같이 자기의 쓰레기를 잘 챙겨서 집으로 가지고 갔다. 요즘에는 쓰레기통이 도처에 마련되어 있어서 그 쓰레기통에 버리고 갔겠다는 생각이 든다. 내가 만약 그 두 사실을 보지 않았더라면, 나는 내 쓰레기를 쓰레기 망 속에 그대로 버려두고 올 뻔 했다. 사람은 같이 살면서 배운다. 어른에게서도 배우고 때로는 어린 아이에게서도 배운다.

선진국으로 진입하는 데에는 3요인이 있다고 한다. 첫째가 청결이요, 둘째가 질서요, 셋째가 독서라고 한다. 제일 더러운 하수구에 물고기가 올라와 놀 수 있을 만큼 깨끗해야 하고, 무질서가 질서로 변하고, 국민의 독서율이 높을 때 선진국이 된다고 한다.

질서란 어떤 것이 있어야 할 곳에 있을 때 질서다. 사람은 줄 안에서 있어야 하고, 밥은 밥그릇 안에 있어야 한다. 사람의 배변은 변기를 통해 내보낼 때 질서가 되고, 쓰레기는 쓰레기통 안에 있을 때 질서가 된다.

공원이나 공공장소에 가보면 아직도 담배꽁초나 쓰레기가 범람해 있다. 이런 것들은 모두가 평범한 것들이지만, 지키기는 매우 어렵다. 이런 평범한 것들이 잘 다스려지는 날 우리나라는 명실공히 선진국에 진입하게 된다. 물량적으로 풍부하고, 사람 살기가 편해졌다 해서 꼭 선진국이 되는 것은 아니다.

쓰레기를 쓰레기통에 버리는 것도 아름답지만, 아무렇게나 버려진 쓰레기를 주워 담는 것은 더 아름답다.

2016년 11월 1일부터는 공원이나 다른 공공장소가 금연 장소가 되고, 발각 시에는 과태료 20,000원을 물리게 된다고 한다. 서서히 그리고 조금씩 무질서한 것들이 질서로 전환해가는 모습에서 아름다움을 느낀다. 어제까지만 해도 아무 곳에나 휴지나 담배꽁초를 버리던 사람들이, 오늘은 휴지통이나 담배꽁초함이 아니면 버리지 않는 사람이 된다면, 이것 또한 아름다운 모습이 아닐 수 없다.

좋은 옷이나 연지 곤지 잘 바르고 다닌다 해서 아름다운 것이 아니고, 좋은 차타고 다닌다고 해서 아름다운 것은 아니다. 얼굴이나 몸매가 제아무리 잘 생겼다 해도 그들 속에 인간으로서의 도리를 행하지 못한다면, 결코 아름다운 것이 아니다. 힘들고 어렵게 살아도 인간으로서의 도리를 잘 지키며 살고, 바르고 의롭게 사는 데서 기쁨과 행복을 느끼며 사는 사람들이 아름다운 사람들이다. 이웃과 더불어 살면서, 남을 해치거나 힘들게 하지 않고, 남이 어려울 때 도와주고, 슬픔으로 괴로워할 때 위로해주는 사람들을 볼 때, 아름답고 사람다운 사람들임을 느낀다.

나는 농촌에서 태어나 자란 농민의 아들이다. 공부 좀 많이 한 것이 원인이 되어, 지금은 도시에서 살고 있다. 지금은 농촌도 도시화되어서 살기 편하게 되었으니 그렇게 좋을 수가 없다.

옛날에는 모도 손으로 심고, 거두는 일도 손으로 했다. 모든 것을 수작업으로 하였던지라 힘들기 그지없었다. 밀짚모자로 뜨거운 햇볕을 가리고, 비 오듯 흐르는 땀방울을 손등으로 씻으며, 논 가운데 서 있는 농부의 모습은 아름다운 모습이고, 아무리 농촌이 기계화되었다 해도 할 일이 더 많아진지라 바쁘게 움직이는 그들의 모습은 참 아름다운 모습이다.

폐휴지를 주워 손수레에 싣고, 그걸 팔아 끼니를 때우며 살아도 조금의 부끄러움이 없이 살고, 사람으로서의 도리와 긍지를 지키며 사니, 되레 마음이 편하여 좋다. 가난을 자기의 분복(分福)으로 여기고, 겨우 밥을 먹고 살아도 아무런 불만이 없다.

백성은 가난을 탓하는 것이 아니요, 고르지 못함을 탓한다 하였다. (民不患貧 患不均) 세상사 모든 일의 구극(究極)의 목적은 먹고사는 일이다. 조금 잘 먹고 조금 잘 쓰며 사는가 하면, 그러지 못하고 항문이

찢어지게 가난해도, 남의 집을 털어서 먹고 사는 자들이 아니니, 얼마나 자랑스러운지 모른다. 아무리 목이 말라도 훔친 물은 마시지 말라 한 말을 금언으로 여기며 사니(渴不飮盜淸水), 이것이 사람이 사는 바른 길이라 할 것이다. 위정자들이 나랏일을 펼 때 고르게 펴고, 하후하박(何厚何薄) 하지 않고, 공평무사(公平無私)하게 해주면, 그것 또한 참 잘하는 시정(施政)이 될 것이다.

병원에서 환자를 살리려고 촌분의 시간을 아끼며 현장을 뛰고, 불철주야 노심초사(不撤晝夜 勞心焦思)하는 의사, 간호사들은 참 아름다운 사람들이다. 생명은 소중한 것이고, 생명의 현장은 늘 숨이 가쁘고 절박하다. 이 세상에 그들이 없었더라면 세상은 어떻게 변했을까. 우리 모두 그들에게 만강(滿腔)의 감사와 경의를 표해야 한다.

부모에게 효도하는 자식들도 많다. 그들의 모습 또한 아름답기 그지없다. 어떤 사람이 공자에게 "선생은 어찌하여 정사(政事)에 참여하지 아니 하나이까?" 공자가 가로되 "경서(經書)에 오직 부모에게 효도하며 형제와 우애함이 즉 정사를 시(施)함이라 하였으니, 이 또한 위정이요, 어찌 참정함만을 위정이라 하리오."

효도하는 일이 말로는 쉬우나 실제 하기는 어렵다. 내 오늘 이를 말하여, 조금의 깨우침이라도 줄까 하여 이를 여기에 올려 쓰게 되었다. 세상이 날로 부박(浮薄)하여 부모 모시는 일이 날로 어려워져 간다. 병든 부모 옆을 밤을 새워 지키는 자식들이 있으니, 하늘의 축복을 받아 살 것이다.

동온하정(冬溫夏凊)이라는 말이 있다. 겨울에는 따뜻하게 모시고 여름에는 시원하게 모신다는 뜻이니, 지극 정성을 다하여 부모를 모신다 함이다. 세상에 사는 모든 사람들이여! 부모 모시기를 하늘 모시듯 하여, 큰 은혜와 축복을 받아 살기를 기원한다.

까마귀 같은 미물도 자라서 날게 되면 그 어미에게 먹이를 물어다 먹인다는(烏烏私情) 옛 고사가 있다. 우리 모두 정성을 다해 부모 모시기를 간원(懇願)하여 마지않는다.

국가의 안위를 위해 불철주야 국토방위에 여념이 없는 군인들, 도적의 뒤를 놓치지 않고 끝까지 추적하는 경찰들, 자기가 맡은 일을 우상처럼 신봉하며 열심히 일하는 직장인들, 일용직 근로자들, 모두가 다 아름다운 사람들이다. 그들이 있어 우리의 미래는 밝고 아름답다.

하늘과 땅 사이에 아름다운 사람들이 너무 많아 이를 다 여기에 매거(枚擧)하기가 어려워 이만 줄인다. 2회에 걸친 '아름다운 사람들'이라는 제하(題下)의 글을 쓰면서 큰 감회에 젖어 썼다. 나는 그런 사람들의 반열에 들지도 못하지만, 붓끝으로는 잘하는 양 허장성세(虛張聲勢)를 폈으니, 되레 부끄러운 생각이 든다.

가고 오는 세월 속에 살면서, 남을 힘들게 하는 일 하지 말고, 힘든 일 손수 맡아 행하고, 늘 바르고 정직하게 살기를 힘쓰면, 세상의 어두운 구석은 조금씩 사라지고, 새롭고 밝은 날이 오면, 세상은 살기 좋은 곳이 될 것이다.

인생의 길은 붕정만리(鵬程萬里)의 길

참 먼 길을 걸어왔다. 1년이 365일인데, 80년을 더 살았으니, 먼 길이 아닐 수 없다. 유장(悠長)한 세월에 비하면 1획 1점도 안되지만, 한 개인이 살기에는 긴 세월이다. 돌아다보니, 일순(一瞬)으로 흘러가 버린 것 같지만, 구절양장(九折羊腸)의 구불구불한 노정(路程)이었다. 편하게 살아온 것 같지만, 그 속에는 헤아릴 수 없이 많은 우여곡절(迂餘曲折)과 험산 준령을 수없이 넘었다. 좁고도 험한 협곡(峽谷)을 수없이 넘으며, 때로는 일이 꼬여 원루(冤淚)를 쏟기도 했다. 아무리 그래도 11권의 책을 세상에 내놓고 가니 조금은 위안이 된다.

아무리 그래도 때로는 햇빛 따사한 양지도 있었고, 노래도 부르고, 춤도 추며 즐겁게 살았던 때도 있었다. 큰아들 양수가 대학 교수가 되었고, 둘째 아들 청언이는 JMC의 부장이 되었고, 셋째 아들 현호는 ACE 부장으로 근무하고 있다. 세 놈이 다 각고면려(刻苦勉勵)의 피나는 노력으로 정직과 진실을 사랑하며, 오늘의 따뜻하고 오붓한 가정을 이루어 산다. 천지신명(天地神明)에게 감사를 드린다. 그리고 우리집에 들어와 우리 가정을 빛내준 세 며느리들에게도 뜨거운 감사의 염을 표한다. 큰 며느리가 이번에 박사학위를 취득했다. 크게 경하(慶賀)해 마지 않는다.

우리집 큰 손녀딸 지윤이는 사범대학교에 다니고, 큰 손자 창우는 과학기술대학교에 다니고, 둘째 아들의 큰딸 정운이는 세무대학교에 다닌다. 예운, 상진, 승운, 민진이는 모두가 다 대지(大志)를 품고 열심히 공부하고 있다. 그들의 앞날에 성공이 있을 것을 기원하며 Fighting이다. 지윤이는 지금 영국에서 선교 사업을 하고 있고, 창우는 선교사 부름을 받아 불원 호주로 떠난다.

눈부실 정도의 화려한 소득은 아니지만, 평년작(平年作)은 되는 것 같아 기분이 매우 좋다. 그 외에 특기할만한 자랑거리도 있지만, 너무 으스대는 것 같아 이 정도로 하겠다. 특히 이 책이 나의 마지막 책이어서 가는 길에 가족에 대한 기록을 몇 줄 썼으니 양해해 주기 바란다.

* *

세상에 길보다 많은 것이 없다. 하늘로, 바다로, 땅위로, 산으로 사람들이 살면서 만들어 놓은 길들이다. 다스리는 자는 백성을 다스리는 길을 만들어 다스리고, 가장은 가정을 다스리는 길을 만들어 다스린다. 사람들이 모여 사는 곳엔 길이 있어 그들이 모두 그 길을 따라 산다.

세상의 많은 길 중에 마음의 길은 보이지는 않지만, 가장 잘 놓아야 할 길이다. 우리가 바른 길로 가도록 인도하는 길이기 때문이다. 자기 마음에 들지 않으면 서로 싸우고, 흉기를 휘두르고, 총으로 쏘아 죽이기도 한다. 세상이 아주 포악해 졌다. 부자지간(父子之間)에도 싸우니, 부자유친(父子有親)의 윤리는 간 곳이 없고, 형제지간(兄弟之間)에도 싸우니, 형우제공(兄友弟恭)의 천륜(天倫)은 간 곳이 없다.

나는 지금껏 살았지만, 남을 해치지 않고, 바르게 살려고 한 것에 감사한다. 교육의 길을 택하여 산지라 편협하고, 융통성이 없고, 고집이 세고, 바르지 않는 것은 길이 아닌 것으로 생각하며 살았다. 지금은 가정에서의 평화를 으뜸으로 여기며 사는지라, 인생 말년이 고통스럽지만, 기쁨을 누리며 산다.

길은 사람들이 만든다. 사람들이 다니면 황원(荒原)에도 길이 나고, 높은 설봉(雪峰)까지도 길을 내어 오르내린다. 배를 만들어 바다의 험로를 뚫어 이웃과 소통하고, 비행기를 만들어 먼 곳까지 이웃집을 드나들 듯 하며 산다.

마음속에 나쁜 생각이 쌓이지 않도록 하고, 늘 깨끗한 것이 차서, 남과 싸우고, 갈등하고, 불화하는 일이 없어야 한다. 마음의 길은 늘 바른 길이어야 하고, 마음의 길이 흐트러지면, 하는 일 또한 흐트러져서, 이루고자 하는 일을 이루지 못한다.

내가 하는 일이 결코 나로 끝나는 것이 아니다. 내가 착함을 쌓아 살면, 자손에게까지 미쳐서 그들이 경사(慶事) 가운데서 살고, 착하지 못한 일을 하며 살면, 자손에게까지 재앙이 미쳐 그들이 살기에 힘들어진다.

"군자(君子)의 길은 먼 데를 가려거든 한 발자국부터 시작하고, 높은 데를 올라가려거든 낮은 데서부터 시작해야 한다."(孔子)라고 했다. 단번에 큰 것을 이루려다간 아무 일도 이루지 못한다. 사람의 길도 안다니면 없어지고, 다니면 길이 된다. 아무리 황무(荒蕪)한 곳도, 사람이 다니기 시작하면 길이 나서, 가깝고 또 먼 곳에까지 이른다. 한 발자국씩 올라서 고봉준령(高峰峻嶺)에 이른다. 보보등고(步步登高)의 원리를 터득하며 살아야 한다.

바른 길을 따라 가라는 성인군자들이 많았다. 그 가르침대로 가는 사람이 있고, 그렇지 않는 사람도 있다. 사람의 행·불행이 다른 것이 아니다. 바른 길을 따라 살면 행복해지고, 그렇지 않으면 불행해진다.

때로는 가다가 길을 잃고 방황하고, 지쳐서 울고, 절망하고 포기하는 사람도 있지만, 다시 일어나서 가던 길을 가는 데는 용기와 인내가 필요하다. 세상에는 유혹도 많아서, 우리를 나쁜 길로 인도하는 길도 많다. 길이 아니거든 가지 말라 하였은 즉, 꼭 그렇게 되기를 간원한다.

세상에는 탄탄한 길만 있는 것이 아니고, 험한 길이 많고, 편리한 길만 있는 것이 아니고, 불편하여 가기 힘든 길도 있다. 그리고 내 길은 정해진 길이라고 생각하며 사는 사람들도 많다. 한 여인과 만나 애들을 낳고, 직장에 나가 일을 하고 등등, 많은 일들은 다 자기가 가기 위해서 정해져 있다고 생각한다. 그러다가 이혼하고, 애들 중 잘못되는 놈이 있고, 몸이 아프고, 실패하고 하는 일련의 모든 일들이 운명적으로 정해져 있다고 생각한다. 우리는 그 길, 만들어진 그 길을 밟고 갈 뿐이라고 생각한다.

그러나 나에게 닥쳐오는 모든 일은 내가 싸워서 물리쳐야 할 길이라고 생각해야 한다.

평생을 한 여인과 만나 백년해로(百年偕老)하는 사람이 있는가 하면, 짝을 찾지 못하고 혼자 사는 사람들도 있다. 늘 쓸쓸하고 우울하게 사는가 하면, 늘 즐겁고 행복하게 사는 사람들도 있다.

나도 먼 길을 걸어서 여기까지 왔다. 종일 피로하여 걸음이 무거울 때도 있었지만, 좌절하지 않고 끝까지 버티며 살았다. 갈 길이 얼마 남지 않았지만, 멈춰서는 안된다. 가다가 영 안되겠으면 넋이라도 가야 한다는 각오로 살고 있다.

인생의 길은 붕정만리의 길이다. 정도(正道), 정로(正路)가 아니면 절대로 가서는 안되는 길이다.

하늘과 땅 사이

하늘에서 가장 아름다운 것은 밤하늘에 반짝이는 별이고, 땅에서는 철따라 피는 꽃이라고 한다. 하늘과 땅과 그 속에서 사는 사람을 천(天), 지(地), 인(人), 삼계(三界)라고 한다. 그 중에 사람이 으뜸이다.

사계(四季)의 변화가 있는 것도 하늘의 조화요, 그 속에 24절기(節期)를 두어 절기마다 변화를 느끼게 하는 것도 하늘의 조화다. 여름에는 무덥고, 홍수가 범람하여 곡식을 절단 내고, 그러다가 가을엔 양기(凉氣)를 내려 보내 지친 몸을 풀게 한다. 겨울에는 추워서 웅크리고 지내고, 봄이 오면 화풍난양(和風暖陽)으로 몸을 녹인다. 모두가 하늘의 조화요, 하늘이 부리는 요술이다.

하늘이 부리는 조화가 없으면, 사람들은 답답하여 살 수가 없을 것이다. 뜨거운 햇살을 내려주어 곡식을 익게 하고, 비를 내려주어 온갖 것이 자라게 한다. 철따라 소출이 나오니 먹고 살기에 좋다. 여름에는 여름의 소출이 나오고, 가을에는 가을의 소출이 나온다. 추운 겨울에도 절기의 구별 없이 겨울의 소출이 나와 춘, 하, 추, 동 사시절 좋은 먹을거리를 즐기며 산다.

하늘은 좋고도 무섭다. 홍수로 강둑을 무너뜨리고, 집과 나무들을 넘어뜨린다. 번개가 치고 천둥이 나면 무섭고, 죄를 짓고 쫓기는 사람들은 더 무섭다. 죄가 무거우면 어딜 가나 무섭지만, 천둥, 번개가 치면 더 무서워 잠시도 마음을 놓지 못한다. 죄인은 자기 마음속에 갇힌 수인(囚人)이다. 꼭 감옥에만 갇혀야 죄인이 되는 것은 아니다.

하늘에 해가 있어 햇빛을 주고, 달이 있어 달빛을 주고, 별이 있어 별빛을 준다. 해가 있어 낮에는 밝고, 달이 있어 밤에도 밝다. 별빛 또한 밤을 아름답게 수놓으니, 해와 달과 별은 무한천공(無限天空)에 들이 박힌 하늘의 왕자들이다. 해와 달과 별이 떠서 지고 하면서, 때로는 이곳을 밝게 하고, 다른 곳을 어둡게 한다. 때로는 뜨겁게 하고, 때로는 차게 하니, 천지 운행의 이치는 깊고 무궁하다.

"하나님이 두 큰 광명을 만드사 큰 광명(해)으로 낮을 주관하게 하시고 작은 광명(달)으로 밤을 주관하게 하시며 또 별들을 만드시고 하늘 궁창에 두어 땅에 비취게 하시며 주야를 주관하게 하시며 빛과 어두움을 나뉘게 하시니라."(창세기)

천궁에 박힌 저 많은 별들은 어찌하여 저렇게 총총히 박혀 저렇게 멀리, 저렇게 작게 보이는지, 하늘의 무궁한 비오(秘奧)의 신비는 아무리 캐도 알 수가 없다. 또 무리를 지어 삼태성, 북두칠성, 오리온자리, 곰자리, 처녀자리 등 끼리끼리 모여 사는 것들도 있다.

*　　　*

땅보다 더 좋은 곳은 없다. 땅에서 나오는 소출로 먹고 사니, 우리의 몸과 땅은 하나가 된다. 땅의 소출을 먹고 우리의 몸은 만들어지기 때문이다. 그래서 사람들은 이것을 신토불이(身土不二)라 하여 땅과 몸의 조화를 즐기며 산다.

위에 하늘이 있고 밑에 땅이 있고, 그 중간에 사람이 있다. 만물 중에 인간이 제일이니, 사람이 사는 이곳이 늘 평화롭고 즐거운 곳이 되기를 기원한다.

하늘과 땅 사이에는 우리 가족이 살고, 이웃들이 살고, 지구촌 가족들이 산다. 폭력이 난무해서는 안되고, 온유와 사랑이 넘쳐 흐르는 살기 좋은 곳이 되어야 한다.

"온유한 자는 복이 있나니 그런 자들이 이 땅을 기업으로 물려받을 것이니라."(신약)

눈 깜박할 사이에 총질해서 사람들을 쓰러뜨리고, 자식이 부모를 부모가 자식을, 부모 또한 부모들끼리 싸워 사달을 내고, 가정의 해체가 끊임없이 이어지고, 나라 안에서도 같은 동족끼리 대량살육(大量殺戮)을 일으키고, 저쪽에서는 이쪽을 향해 불바다로 만들겠다고 하니, 하늘과 땅 사이의 모습이 아비규환(阿鼻叫喚)의 생지옥이 되어간다.

비가 오고, 눈이 내리고, 안개가 끼고, 서리가 내리고, 바람이 불고, 태풍, 홍수가 와서 땅을 뒤집고 사람을 죽이고 간다. "하늘이 초래한 재앙은 피해야 하고, 스스로 초래한 재난은 피하지 말라" 하였다.(孟子)

하늘에는 하늘의 질서가 있고, 땅에는 땅의 질서가 있다. 이것을 천지운행(天地運行)의 질서라고도 한다. 천지운행의 질서에 순응하며 살아야지, 그렇지 않다간 큰 일이 일어나고, 잘못하다간 죽음까지도 무릅써야 한다.

하늘빛은 코발트빛처럼 맑고 푸르고, 해가 있고, 달이 있고, 별이 있고, 하늘의 재앙을 막아주는 방패가 있고, 땅에서는 아름다운 꽃들이 철따라 피고, 새들이 노래하고, 봉접(蜂蝶)이 춤을 추고, 마음씨 고운 사람들이 열심히 일하며 살아간다.

온갖 소출이 나와서 배불리 먹으며 살고, 좋은 옷을 입고, 좋은 신을 신고, 좋은 차를 타고, 멀리까지는 비행기를 타고 여행하고, 컴퓨터, 스마트폰 등 매스미디어가 나와서, 서로 간에 불편 없이 소통하며 살 수 있으니, 이 얼마나 살기 좋고 아름다운 곳인가.

이렇게 좋은 곳에서 천, 지, 인 삼계가 서로 화합하여 살고, 태평연월(太平烟月)의 풍요롭고 살기 좋은 곳이 되기를 간절히 기원한다. 폭력이 난무하는 곳이 아니고, 서로가 서로를 귀하게 여기고, 늘 선하고 바른 마음으로 살면서 살기 좋은 지상 낙원이 이룩되기를 간절히 바라면서, 하늘과 땅 사이 만세, 만만세!

봉접(蜂蝶)이 날아든다

이 글의 제목은 한 친구로부터 받은 것이다. 글의 제목은 좋지만, 좋은 글을 쓸 것 같지가 않다. 그러나 써볼려고 붓을 들었다. 붓을 들면 쓸 것 같지 않던 글도 써지기도 한다. 글을 쓸 방향을 정해놓고 쓰다가도, 어휘 선택을 하나만 달리 해도, 글이 엉뚱한 방향으로 써진다. 그렇다 해서 그 글이 졸문(拙文)이 되는 것은 아니다. 오히려 더 좋은 글이 되기도 한다.

*　　　*

남자가 여자를 보면 좋아하고, 여자 또한 남자를 보면 좋아한다. 남자는 여자를 끄는 힘이 있고, 여자 또한 남자를 끄는 힘이 있다. 남자와 여자는 생래적으로 그런 속성을 가지고 태어났다. 처음 만났을 땐 가슴이 뛰고, 호흡이 거칠어 말을 잇지 못한다. 그러던 그들에게 사랑이 싹트고, 꿈도 생기고, 날이 흐르면서 그 사랑과 꿈은 점점 더 깊어간다. 행복이란 행복하다고 느낄 때 행복한 것이다.

요즘 젊은이들은 마음 상할 일은 오래 끌지 않는다. 안되겠다 싶으면 말 몇 마디로 끝낸다. 그런가 하면 밀고 당기고, 입싸움도 하고, 밥도 먹고, 손도 잡고, 더 가까워지면 접문(接吻)도 한다.

남녀의 만남이 성공하는 것은 뭐니 뭐니 해도 끌림이다. 끌림이 없으면 만나다가도 그만둔다. 그래서 잘 보이려고 연지 곤지도 짙게 바르고, 좋은 옷으로 골라 입고 나온다.

벌, 나비도 아무 꽃이나 날아 앉는 것은 아니다. 아름답고, 향이 있고, 당밀(糖蜜)이 있어야 한다. 예쁜 여인이 지나가면 그냥 지나칠 수가 없듯, 벌, 나비도 좋은 꽃을 보면, 그냥 지나치지 않는다. 여자가 마음에 들면, 그 성(城)이 제아무리 높다 해도 공략하여 무너뜨린다. 여자 또한 그 일에 목숨을 건다. 사랑은 맹목(盲目)이다. 사랑에는 양보라는 것이 없고, 그 누구에게도 양보하지 않는 폭군이다.

석탄가루를 뒤집어쓰고 일하는 사람도 만나고, 말쑥하게 잘 차려입은 사람도 만나지만, 그들의 마음속에 "미래를 열어갈 진실성이 빛나는 자가 아니면 안된다. 넥타이 정장에, 건강미 넘치고, 돈벌이가 좋다고 하여, 목숨을 거는 것은 아니다. 적은 것에 만족하고, 알뜰하게 사는데서 행복을 느끼고, 미래에 대한 꿈이 크고, 일을 사랑하고, 가족을 사랑하는 사람이어야 한다.

넓은 꽃밭 위에 하늘거리는 벌, 나비의 모습이 아름답듯, 남녀가 손을 잡고 노니는 모습 또한 아름답다. 그들 사이에 사랑이 싹트고, 사랑의 미로(迷路)에 빠지면 아들, 딸을 낳는다. 어느덧 세월이 흐르면, 그들의 머리 위에 흰 서리가 내린다.

서로의 생각이 달라지면 서로 싸우고, 울고불고, 사네 못사네 하고, 그러다가 갈라서면, 그것은 곧 끔직스러운 사랑의 종말이 된다.

사랑하지 말아야겠다고 다짐하지만, 자기도 모르게 끌려들고, 이 사람과는 영원히 살려고 해도 뜻대로 되지 않는다. 그 좋은 행복의 끈을 끊어 별리(別離)로 갈라선다.

봉접(蜂蝶)이란 벌과 나비를 말하고, 꽃이 좋아야 벌과 나비는 모여든다.

시장에서 물건을 파는 사람도 물건이 좋아야 사람들이 모여든다. 물건이 좋지 않으면 아무리 큰 소리로 호객(呼客)을 해도 손님은 오지 않는다. 호박꽃이 못생겼어도 벌들이 날아드는 것은, 그 속에 그윽한 화향(花香)이 있고, 당밀이 있기 때문이다.

내가 글을 써서 세상에 내놓아도 읽을 만하지 않으면, 글을 쓸 이유가 없고, 내가 거저 가져가라고 외쳐도 등을 돌려 돌아선다. 물건이 좋아야 손님을 끌고, 꽃이 좋아야 벌, 나비를 끈다.

꽃처럼 사람의 마음을 기쁘게 하는 것은 없다. 그래서 사람들은 철따라 피는 꽃을 찾아 꽃구경에 나선다. 꽃이 시들기 시작하면 봉접은 끊어지고, 사람도 시들기 시작하면 사람의 발길이 끊긴다.

새는 울어도 눈물을 볼 수 없고(鳥啼淚難看)
꽃은 웃어도 그 소리를 들을 수 없다(花笑聲未聽)

꽃이 아름답지 못하면 외로움이 크고, 향기가 없으면 그 슬픔 또한 크다.

무엇이든 높이 뛰어오르면 만인이 우러르고, 노래만 잘 불러도, 만인의 우상이 된다. 좋은 그림을 보아도 가슴이 뛰고, 좋은 조각품을 보아도 눈물을 짠다. 무엇이든 피와 땀으로 거둔 것이면 만인의 사랑을 받는다.

좋은 꽃이 되기가 어렵고, 좋은 사람이 되기는 더욱 어렵다. 좋은 꽃이 피어야 벌, 나비가 모여들고, 좋은 사람이 되어야 만인을 감동시킨다.

지불가만(志不可滿)이라는 말이 있다. 자기가 바라는 바를 다 채우려 하지 말고, 그냥 그대로 만족을 느끼며 살라는 뜻이다. 아내가 해주는 것에 만족하며 살고, 남편이 해주는 것에 만족하며 살아야 한다. 더 잘 해주기를 바랬다가 균열(龜裂)이나 갈등이 생긴다. 세상 모든 일이 다 그렇다. 남녀가 결합하여 신기(神技)에 가까운 노력으로 살고, 꽃과 벌, 나비도 결합하여 만인이 좋아하는 가을의 홍과(紅果)를 만든다.

내 일찍이 갖추어진 바가 적어서 좋은 사람이 못되었고, 나의 본업이었던 강의도 명강의로 뺐더라면, 지금쯤은 달리 대접을 받을 것이다. 아버지 노릇이나 할아버지 노릇도 그저 형편에 따라 하는 체하며 사니, 내가 세상에 내놓은 것 중에 사람들을 감통케 하는 것은 없다.

내 봉접을 끌어들일 만한 좋은 꽃이 되지 못한 탓에 외로움을 느낀다. 이 책이 졸권(拙卷)이기는 해도 좋은 책으로 읽혔으면 하는 바람이 크다. 지필(止筆)하기로 결심을 했으니, 내 글은 더 이상 세상에 나오지 않을 것이다. 그렇다 해서 무위도식(無爲徒食)하며 살 수는 없고, 큰 소산(所産)은 아닐지라도, 마지막 가는 길에 돌 하나라도 더 놓고 갈 수 있으면 큰 기쁨이요 보람이겠다.

하루 일하지 않으면 하루 먹지 말라

(일일불작 일일불식(一日不作 一日不食))

하는 일 없이 먹기만 하고, 노는 것을 무위도식(無爲徒食)이라고 한다. 지금의 내가 바로 그런 사람이다. 그런 내가 이런 제목의 글을 쓰려 하니 부끄럽기 그지없다.

젊었을 때 공직에 있으면서 벌어놨던 것을 조금씩 헐어서 먹고 산다. 전적으로 그에 의존하며 사는지라, 손수 먹을거리를 벌어서 쓰지는 않는다.

대상포진이란 것에 걸렸을 때는 통증이 어찌나 심하던지, 글을 쓰는 일은 엄두도 나지 않았다. 그러다 보니, 그간 나도 많이 게을러졌다. 대상포진은 그런대로 대맥(大脈)은 눌러 잡았지만, 병의 뿌리는 아직 뽑아내지 못해 근치(根治)에는 이르지 못하고 있다. 지금은 집중력이 회복되어서 다시 글을 쓰게 되었다.

글을 쓰다 보니 재미도 있고, 사는 보람도 있는 듯하다. 고생스러운 일이지만 조금도 고생이라 여기지 않고 열심히 하고 있다. 그러다 보니 일은 잘 진행되고, 일이 잘 진행되다 보니 이보다 더한 기쁨도 없다. 조금만 더 쓰면 책 한 권이 만들어져 나온다. 인생 말년의 큰 결실로 여기고 감사하며 살고 있다.

즐거운 일은 오락처럼 느껴져서 아무리 일을 해도 피곤하지가 않다. 지금 내가 하고 있는 일이 그렇다. 오락처럼 재미있게 느껴져서, 조금만 일해도 피곤할 나이인데도 피곤을 별로 느끼지 않는다. 나는 글을 쓸 팔자를 타고난 사람 같다. 팔자가 이러하니 어쩔 수가 없고, 팔자 타령을 함직도 하지만, 팔자대로 사는 수밖에 도리가 없다.

일을 하면 사람이 부지런해진다고 한다. 내 나이 또래들에겐 오수(午睡)를 즐길 시간이지만, 나는 지금 장수가 전쟁터에서 전쟁을 하듯 싸우고 있다. 그들이 그렇게 비몽사몽(非夢似夢)간에 오수를 즐기는 것은 전적으로 나이 때문이지, 본래적으로 유한(有閑)에 길들여진 것은 아니다. 나는 이 시간에 글을 쓰며 즐기니, 얼른 보기엔 미련한 듯 보여도, 재미있게 느껴지니 어쩔 수가 없다. 글을 잘 쓰는 사람들의 반열(班列)에 들지는 못하지만, 꼭 그렇게 되기를 원치도 않는다. 그저 열심히 사는 것에 감사한다.

일의 쾌감은 고됨을 잊게 한다. 일이 즐거우면 인생은 낙원처럼 즐겁지만, 일을 의무처럼 억지로 하게 되면 지옥보다도 더 가증(可憎)스럽다. 일은 하면 할수록 잘하게 되고, 바쁘면 바쁠수록 그만큼 할 일이 생긴다. 시작이 반이라 하였으니, 시작만 하고 나면, 다음에 해야 할 일은 저절로 풀려나와 이어지게 된다.

우리가 일을 하는 것은 고작 먹고 사는 일이지만, 말하기는 쉬어도 그 일이 그렇게 단순한 것은 아니다. 먹고 사는 일이 얼마나 복잡한 것인지는 만인이 다 알고 있다. 그 일을 위해서 개인적으로는 피와 땀을 흘리며 살고, 고산 준령(峻嶺)을 수없이 넘으며 한다.

천분(天分)이 제아무리 뛰어난 사람도 무위도식하면 망한다. 천분이 뛰어나면 감추어진 보도(寶刀)를 꺼내어 세상을 빛내는 데 써야 한다. 자기가 하고 있는 일을 사랑해야지, 무슨 큰 업적이나 세워보려고 하면 일을 그르친다. 업적은 열심히 행한 노력의 소산으로 저절로 우러나오는 것이어야 한다.

자기의 일을 찾아낸 사람보다 행복한 사람은 없다. 그로 하여금 다른 행복을 찾게 해서는 안된다.

일하지 않아도 먹고 살 수 있다고 생각하여, 일하지 않는 사람은 죄인이다. 재산이 많다하여 놀기를 일삼아서는 안되고, 재산이 많을수록 더 많은 부를 형성하여 세상에 내놓아야 한다.

자기가 하는 일을 귀찮다고 생각하는 순간, 바로 그 순간부터 그 일은 그를 괴롭게 한다. 일을 귀찮다고 여기면 흥미를 잃게 되고 그 일을 망친다. 일을 사랑하는 것이 곧 성공의 지름길이다.

하루 종일 일한 사람은 굉장한 만족감을 느끼며 집으로 돌아온다. 휴식을 충분히 취하고 그 다음 날 다시 즐거운 마음으로 일터에 나간다. 아무 일도 하지 않고, 하루 종일 논 사람은 지독한 피로감을 느낀다. 일은 우리에게 건강과 달콤한 잠과, 가족에 대한 사랑과, 세상을 즐거운 세상이 되게 한다. 일하는 것이 노는 것보다 훨씬 더 행복감을 가지고 살게 한다.

다정한 아내와 같이 걸으면 먼 길도 가깝게 느껴지지만, 정이 없이 사는 사람과 같이 걸으면, 가까운 길도 멀게 느껴진다. 즐거운 마음으로 하는 일은, 그 일이 잘 되어 큰 성과도 거두지만, 하기싫은 마음으로 하는 일은 일이 잘 안되어 실패를 맞게 된다.

E. 버어크란 분은 "절대로 절망하지 말라. 견디다 못해 절망하게 되면, 일을 계속하라."라고 하였다.

하루 일하지 않으면 하루 먹지 말라 하였으니, 노동의 소중함을 알고, 하루 일하는데서 기쁨과 행복을 느끼며 살기를 바라면서 이만 줄인다.

기소불욕 물시어인(己所不欲 勿施於人)

자기가 원하지 않는 일은 남에게 시켜서는 안된다

내가 원하지 않는 것은 남도 원하지 않는다. 내가 원하지 않는 것은 남에게 강요해서는 안된다. 하기 싫은 일을 하면, 일을 그르치기가 쉽기 때문이다. 사람은 자기가 하고 싶은 일을 할 때, 즐거운 마음으로 하게 된다. 글을 쓰는 일처럼 힘든 일도 없다. 남들이 힘들다는 이 일을 나는 즐거운 마음으로 하고 있다.

내 병을 고쳐준 의사에게 내가 쓴 책을 선사한 적이 있다. 깜짝 놀라면서, "아니, 그 나이에 이런 책을 어떻게 쓸 수 있느냐"고 했다. 노인의 머리에서 이런 글귀들이 어떻게 빠져나올 수 있느냐는 것이었다.

체력은 필력(筆力)이라는 말이 있지만, 즐거운 마음으로 쓰니 그렇게 힘들지가 않다.

글을 쓰는 시간은 세상의 번뇌로부터 나를 해방시켜주는 시간이다. 마음의 평정과 무외(無畏)와 자유를 가져다주는 시간이다. 나를 구원해주는 유일한 시간이다.

내가 원하지 않는 것은 남도 원하지 않을 것인즉, 억지로 시켜서는 안된다.

역지사지(易地思之)라는 말이 있다. 다른 사람의 처지를 나의 처지와 바꿔서 생각하라는 뜻이다. 귀감삼아 살면 다른 사람을 힘들게 하는 일은 없을 것이다.

철따라 꽃이 피고, 새들도 울고

부모님 가신지도 어언 10수 년이 지났다. 선산에 양위분을 모셨고 비석도 세워 드렸다. 살아생전에 그렇게 해주기를 원하셨던지라 그렇게 해드렸다. 비문(碑文)은 꼭 내가 써야 한다고 하시기에 손수 써서 봉정(奉呈)했다. 돌아가시기 전에 비문을 써서 갔다 드렸더니 읽어 보시고 고개를 몇 차례 끄덕거리셨다. 아무 말씀도 하시지 않은지라 그 의미를 알 수가 없었지만, 이것으로 나의 인생이 종결되는가 하셨을 것이다. 그 비문 속에는 그분의 인생 여정이 여과되어 있어서, 조금은 마음이 착잡하셨을 것이다.

돌아가시기 전에 비를 세워드리려고 했지만, 한참 준비하는 동안에, 그간을 참지 못하시고 돌아가셨다. 돌아가시고 나서 한참이 지난 후에야 비를 세워드렸으니, 좀 늦기는 했어도 평생에 원하시던 것을 이루고 가셨다.

해마다 한 차례씩은 선산에 들려 뵙고 오지만, 살아생전에 잘 모시지 못했던 아쉬움은 변함이 없다. 부모님 돌아가신 후에야 불효했던 것을 천추(千秋)의 한으로 여긴다 하였으니(父母不孝死後悔), 사람들이 하는 일들이 매양(每樣) 그렇다.

나무가 고요하고자 하나 바람이 그치지 않고(樹欲靜而風不止), 자식이 효도하고자 하나 부모가 기다려주지 않는다(子欲養而親不待)는 글귀가 있다. 내 나이도 찰대로 차서 80노인이 되었다. 나도 죽으면 달리 할 길이 없어, 부모님 밑에 한 자리를 골라 들어가겠지만, 사후에나마 부모님을 모시는 영광을 누리게 되었다.

부모님 돌아가신 후 선산의 제초(除草)는 큰조카 대경이와 우리집 큰아들 양수가 맡아서 하고 있는지라 선산 관리는 그런대로 잘 해오고 있다. 그러나 부모님 묘는 날이 갈수록 세월의 흐름을 이기지 못해 훼손되어 가니, 자식 된 도리가 아니어서 송구한 마음이 크다. 그간 몇 차례 묘에 손질을 해서 때우기는 했으나, 그간에 허물어짐이 커서 이번에 또 개묘(改墓)를 해드려야 할 것 같다. 명년(2017)이 윤년(閏年)이라고 하니 좀 더 완전한 것으로 해드려야겠다는 생각이 든다.

조상을 잘 모시면 조상으로부터 받는 은혜를 음덕(陰德)이라고 한다. 조상을 잘 모시면 조상으로부터 음덕을 받아 잘 산다 함이니, 사실이 그런지는 알 길이 없다. 자손된 도리를 다 하며 살면, 필연 축복을 받아 살 것이고, 가족들이 안녕(安寧)을 누리며 살게 될 것이라는 생각이 든다.

요즘에 사람이 죽으면 화장터에 가서 화장을 하여 그 형체를 없애는가 하면, 땅에 묻어 묘를 만들어 모시기도 한다. 화장하여도 그 흔적은 없어지고, 땅에 묻어도 그 흔적은 없어진다. 그러고 보면 영구 보존되는 것은 아무것도 없다. 땅속에 보존했다 해서 영원무궁 보존되는 것은 아니고, 5,60년 후면 시신은 다 녹아서 귀토(歸土)해버리고, 남아 있는 것은 아무것도 없다.

아보가도르라는 화학자가 질량 불변 보존의 법칙을 내놓았다. 물질의 질량은 형체는 변한다 해도 그대로 남아 영구 보존된다는 뜻이다. 시신을 불로 태워 화장을 하면 질량은 연기로 변해 영원히 연기로 남아 있게 되고, 땅속에서 녹아 없어진다 해도 그 질량은 다른 형태로 변해 땅속에 영원히 남아 있게 된다는 이론이다.

종교계에서는 하나님이 명령하면, 흩어졌던 질량들이 다시 결합하여 사람의 형태로 나타난다는 부활론을 펴기도 한다.

세월이 무한히 흐르다 보면, 모든 것은 흔적도 없이 사라져 버린다. 지금은 묘봉(墓峰)이 둥실하게 남아 있지만, 그 둥실한 묘봉도 세월이 흐르면 비, 바람에 씻겨 언젠가는 평토(平土)로 내려앉고, 땅속에 모신 시신도 녹고 녹아서 언젠가는 아무런 흔적도 없이 사라져 버린다.

조상을 모시는 것은 우리가 조상으로부터 낳았기 때문이요, 조상이 없었으면 내 몸이 어찌 있었겠느냐는 옛 글귀가 있다. 다름 아닌 '시무조상 무종지생'(是無祖上 無從之生)이라는 글귀다. 후손들이 살아 있는 동안만이라도 잘 모시고, 그 후에는 자연에 귀화(自然歸化)하도록 하는 것이 자손된 도리라 할 것이다.

사람은 이 세상에 왔다 가면서 흔적을 남기고 간다. 왕 노릇을 한 사람은 그 흔적을 남기고 가고, 부귀영화를 누리고 산 사람은 그 흔적을 기록에 남겨 후인들이 알게 된다. 악한 사람은 악한 기록을 남기고 가고, 선한 사람은 선한 기록을 남기고 간다.

사람은 이름을 남기고(人死留名), 호랑이는 가죽을 남기고(虎死留皮), 고향땅 위를 지나는 기러기는 소리를 남기고 간다.(鴻過留聲) 나도 책을 남겨 후인들이 읽게 하니, 흔적 중에서도 좋은 흔적을 남기고 간다는 생각이 든다.

언젠가는 나도 죽고 너도 죽고 다 죽는다. 사람의 나이가 많아지면 죽음의 그늘 밑에서 살면서 늘 죽음을 생각하며 산다. 죽음은 양갓집 태생의 자손이 아니어서 얌전하게 우리를 모시는 것이 아니다. 자기 멋대로 끌고 다니다가 목을 죄어 죽이는 최고의 악질이다. 죽음은 그래서 무섭다. 잠자듯 가게 하면 좋으련만, 단말마적(斷末魔的)인 고통으로 우리를 괴롭히다 죽인다. 영웅주의를 발휘해서 죽음과 맞서 싸워보라고 하지만, 죽음을 이길 자는 이 세상에 없다. 천하 대군을 다 동원해도 죽음은 이기지 못한다.

한 번 태어난 사람은 한 번 죽지 않으면 안된다. 행복한 사람은 가장 알맞을 때 죽는다 하였지만, 아무리 그래도 죽음의 고통은 면할 길이 없다. 사람은 한 번 죽으면 그만이라 생각하지만(人生一死都無事), 살아 있는 동안에 좋은 일 많이 해서, 우리의 후손들이 그 길을 따라 갈 수 있게 해야 한다.(今日我行跡 後人遂行程)

사람이 죽으면 산으로 가고, 산으로 가면 산천초목과 벗하여 산다. 그곳에는 철따라 피는 꽃이 있고, 새들도 울고, 하늘엔 구름이 유유자적(悠悠自適) 흐른다. 아버님, 어머님이 그곳에 살고 계시고, 위로는 증조부님, 조부모님, 백부모님이 살고 계신다. 그곳에 가면 그분들과 만세 무궁 같이 사는 기쁨을 누리게 될 것이다.

죽을 때는 누구나 인생의 허망을 이야기하며, 회한(悔恨)의 눈물로 이 세상을 하직하지만, 누구나 가는 길이요, 아무도 피할 수 없는 불가회피(不可回避)의 길이다. 그간 잘 산 것에 감사하고, 회심(會心)의 미소로 작별 인사를 하고 가야할 것이 아닌가 싶다.

호가호위(狐假虎威)

여우가 범의 위세를 빌려 다른 짐승을 위협하는 것을 말한다. 다시 말하면 남의 권세를 빌려 그 위세로 다른 사람을 괴롭히는 것을 말한다. 호가호위 사건은 TV에서 다른 프로그램을 밀어낼 만큼 한 때 세상을 풍미(風靡)했던 사건이다. 이 말이 TV에 하도 많이 나오기에 이 말을 주제로 해서 글을 써보면 어떨까 하는 생각을 했다.

세상에는 힘이 약한 자와 강한 자가 공존한다. 힘이 약한 자는 강한 자의 힘을 빌려 위세를 부리는 일이 종종 있다. 아랫사람이 어떤 일을 이루고자 할 때, 자기의 힘이 부족하면, 상사의 힘을 빌려 그 위세로 그 일을 성취하려고 한다.

청와대는 아름다운 지옥이라고 언젠가 표현한 적이 있다. 모든 길은 로마로 통하듯 모든 권력은 청와대로 통한다. 한 나라를 다스리려 하니 하루도 마음이 편할 날이 없고, 예상치 않는 일이 터져 평지풍파를 일으킨다. 그곳은 화려하고 빛나는 궁전이 아니고, 마치 어두운 감옥을 방불케 한다. 그러나 그곳에는 전국을 주무르는 권력이 집중되어 있어서, 감옥 중에서도 아름다운 감옥이다.

그러다 보니 힘이 약한 사람들이 그 권력을 빌려 이용하는 경우가 많다. 청와대 주인의 힘을 은밀히 이용하여, 그분이 직접 그 일을 하게 한 것처럼 도용(盜用)하다가 들통이 난다. 그 사건이 TV의 다른 프로그램을 마비케 할 만큼 세상을 소란하게 했다.

그러다 보니 호가호위란 말을 많이 사용하게 되었고, 그런 연유로 나는 이렇게 글을 쓰게 되었다. 전국의 애독자 여러분들도 이 말을 많이 들었을 터이지만, 처음에는 무슨 뜻인가 하고 당황했을 것이다. 그렇게 쉬운 말은 아니기 때문이다. 건방진 말이지만, 나는 그 뜻을 이미 알고 있었던지라, 이 말을 이 사건과 연관시켜 잘 음미할 수 있었다.

여우란 동물은 동물 중에서도 가장 교활한 동물이다. 그의 비상한 꾀를 이용하여 호랑이의 힘을 빌려, 그 힘을 자기의 힘으로 만들어 호랑이의 위세를 부린다. 여우는 같은 덫에는 두 번 걸리지 않을 만큼 꾀가 많고 교활해서, 그의 꾀에 걸려들지 않은 동물이 없다.(A Fox is not taken in the same snare.)

여우는 여우의 옷을 입고 있어야 하고, 호랑이는 호랑이의 옷을 입고 있어야 한다. 그것은 진실이고, 그렇게 되어야 세상일은 바르게 운행된다. 여우가 자기의 옷이 아닌 호랑이의 옷을 입고, 힘센 호랑이의 시늉을 하는 것은 허위다. 허위는 실체가 진실한 것이 아니어서 곧 들통이 난다. 이번의 호가호위의 사건도 영원한 정계비화(政界秘話)로 감춰질 뻔 했지만, 결국은 들통이 나서 당사자들은 얼굴을 들 수 없게 되고, 백성들은 분통이 터져 참을 수가 없었다. 창피스러운 일이다. 백성을 위해서 나랏일을 하시는 양반들은 더욱 진실해야 한다.

위정자는 공평무사(公平無私)해야 하고, 하후하박(何厚何薄)해서는 안된다. 내 지인(知人)이라 해서 더 많은 빵이 가서는 안되고, 골고루 분배하여 먹게 해야 한다.

나랏일은 마음이 진실한 사람들이 맡아서 해야 한다. 협잡을 부리거나 권모술수(權謀術數)를 써서는 안된다. 그런 사람들은 내보내서 나랏

일을 맡게 해서는 안된다. 지금은 허위와 협잡이 통하는 세상이 아니다. 위정자의 최고의 덕목은 진실이다.

더벅머리에 댕기치레 한다는 말이 있다. 본바탕이 안 좋은 놈들이 당치도 않게 지나친 겉치레를 해서 보기 좋게 하려는 것을 말한다. 좋은 댕기를 달았다 해서 더벅머리가 아름답게 보이겠는가. 허위는 구름과 같은 것이다. 진실을 반석으로 삼아야 한다.

아무도 보지 않으니까 그 일을 해서 된다고 생각해서는 안된다. 혼자 있더라도 늘 다른 사람들과 같이 있다고 생각해야 한다. 우리들의 마음 구석구석을 다른 사람들이 들여다보고 있다고 생각해야 한다. 이 세상의 가치 중에 진실보다 더 높은 가치는 없다.

우리가 최우선적으로 해야 할 일은 내가 내 자신에게 진실해야 하는 일이다. 이 세상에서 가장 엄한 것은 진실이고, 진실의 길보다 더 도달하기 험한 길은 없다. 하루아침에 진실한 사람이 되기는 어렵다. 뜨거운 가마솥에서 수없이 많은 연단(鍊鍛)의 과정을 거쳐야 하고, 수천 수만 번의 시행착오와 담금질을 거쳐서 진실의 길에 이른다.

사람이 만일 맑고 결백한 마음을 가지고 있으면, 그것은 곧 행복을 보장해주는 보증수표가 된다. 지금은 비록 불행하여 힘들게 살더라도, 마음이 진실하면, 행복의 서광은 늘 찬연하게 빛날 것이다. 진실에서만 인생을 헤치고 나아갈 힘이 생기고, 어려움을 극복할 힘이 생긴다.

제아무리 높은 지위에 있고, 제아무리 많은 지식을 가지고 있다고 해도, 인간이 진실성을 잃는다면, 그 높은 지위도, 지식도 사상누각(砂上樓閣)과 같은 것이 된다.

내가 입은 옷은 내 몸에 딱 맞는 것이어야 한다. 그 옷이 내 옷일 때, 그 옷은 내 몸에 들어맞아 나를 편안하게 한다. 남의 옷이 아무리 좋은 것이라 해도, 내 몸에 맞지 않는 것은, 나를 불편하게 한다. 여우는 여우 옷을 입어야 하고 호랑이는 호랑이 옷을 입어야 한다.

진실은 비단결처럼 고운 교언(巧言)으로 나타나는 것이 아니다. 진실은 진실한 행위를 통해서만 나타나서 남에게 감동으로 전해진다.

인생의 의의는 거짓을 미워하고, 진실을 사랑하는 것이다. 나라를 다스리는 양반들! 나랏일을 하기 전에 먼저 허위를 버릴 줄 아는 용기를 길러야 한다. 진실에는 너울너울한 장식도 필요 없고, 오직 깨끗하고 바르게 행하는 일만이 있을 뿐이다. 진실만이 기쁨과 행복을 가져다준다는 것을 먼저 배워야 한다.

진실만이 우리에게 이 세상을 살아갈 힘을 주고, 사람이 하는 일을 성취시키는 힘을 준다. 진실한 사람의 말은 힘이 있고, 당당하고, 굽힌 데가 없어, 듣는 사람의 마음에 감동과 희망을 준다. 진실은 태양처럼 아름답게 빛난다.

여우가 호랑이 옷을 가짜로 입고, 힘센 호랑이의 시늉과 위세를 부려보려 해봤자 곧 들통이 난다. 극비리에 했던 일이 들어나는 것은, 허위는 언제든지 드러나는 것이고, 아무리 감추려 해도 감추어지지 않는다는 사실 때문이다.

정도(正道)가 인간의 길임을 똑똑히 알고, 정치를 하든, 장사를 하든, 다른 무엇을 하든 해야 한다.

허물투성이

이 세상에 허물없이 사는 사람은 없다. 현인(賢人)도 깊이 알아보면 허물이 많고, 사람들에겐 현인인 체 보여도 기실은 허물투성이다. 그의 가족들은 매일 접촉하며 사는지라 면경(面鏡) 속을 들여다보듯 잘 알고 있을 것이다.

많은 사람들은 자기의 허물을 모르고 산다. 그러는가 하면 남의 허물은 잘 보고 나무라고도 한다. 남의 눈 안의 것은 티끌까지도 보고 들추어낸다.

다른 사람들과 마찬가지로 나도 참 허물이 많은 사람이다. 곧 후회할 일을 하고 사니, 한 치의 앞도 보지 못하고 사는 사람이다. 젊었을 때는 부끄러운 짓도 많이 했지만, 지금은 많이 좋아졌다. 자식들이 잘못하면 큰 소리도 치고, 때로는 손찌검도 하고, 이부자리도 그대로 놔둔 채 몸만 빠져 나왔다. 남의 이야기를 함부로 하고, 때로는 남을 욕하고, 헐뜯고, 싸우고, 예쁜 여인을 보면 이상한 생각도 하고, 그 외에 매거(枚擧)할 수 없을 만큼 많은 허물을 저지르며 살았다.

그러나 요즘에는 많이 사람이 되었다. 일언삼사(一言三思)라 하였듯이, 한 번 말하기 전에 세 번 생각하며 살려고 무진 애를 쓴다. 분별력이란 옳고 그름을 판단하는 능력을 말하지만, 그것 또한 생각하는 대로 잘 되지 않는다. 선과 악이 어떤 것인가를 분별하여 행하고, 옳고 그름이 어떤 것인가를 분별하여 행하여야 하지만 그것 또한 잘 되지 않는다.

고작 한다는 게 지금은 좀 부지런해졌고, 집사람과 금슬지락(琴瑟之樂)으로 살아야 한다는 생각이 많아졌다. 노년이 되니, 마음 편히 사는 길이 으뜸이라 여겨 그렇게 하며 살고 있다. 집사람이 요구하는 것은 잘 들어주고, 그러기 전에 스스로 판단하여 내가 먼저 행하니, 가정 안에 불협화음(不協和音)이 줄어들었다.

집안 청소도 내가 먼저 헤아려 행하니, 집은 번들번들 깨끗해졌고, 화초에 물주는 것도 내가 먼저 행하고, 이부자리도 잘 개고, 반찬 투정도 하지 않고 살고, 아무것이나 주는 대로 잘 먹고 사니, 무소부식(無所不食)으로 건강을 챙기며 산다.

한때는 마른 쓰레기는 내가 버렸지만, 지금은 집사람이 다 버린다. 쓰레기는 그 본령(本領)이 여자들의 것이어서, 여자로서의 체면을 세우려고 하는 것 같다. 요즘에는 남자들도 쓰레기를 버리러 나오지만, 조금의 부끄러움도 없이 당당하게 행한다.

집안에 치울 것이 있으면 내가 먼저 치우고, 특히 무거운 것은 내가 잘 치운다. 늙었지만 아직은 그럴 힘이 있으니 다행 대복이 아닐 수 없다.

집사람이 가자는 곳은 어디든 따라 나서고, 외식도 가끔 하고, 바람도 쏘이러 나가고, 공원 산책도 같이 하며, 이런저런 세상 돌아가는 이야기도 한다. 세상사는 의미를 조금씩 알아가는 것 같다.

의견 충돌이야 어찌 없겠는가만, 금슬상화(琴瑟相和)의 지혜를 발휘하며 산다. 하지만, 금슬지락(琴瑟之樂)의 경지에 이르기에는 아직 멀었다.

위의 글을 보면 내가 크게 사람이 된 것처럼 느낄 터이지만, 산수(傘壽)의 고비를 넘긴 나이에 이 정도도 못한다면, 그간 흐른 세월이 무색할 것 같아 조금은 좋게 썼다.

나는 기계에는 참 엉터리다. 하면 할 수 있지만 하기가 싫다. 그러다 보니 맹(盲) 수준으로 떨어졌다. 컴퓨터도 집어치웠고, 스마트폰은 더 엉터리다. 그저 주고받는 정도가 고작이고, 선풍기만 안돌아가도 집사람을 부른다. 집사람은 단연 만능적이다. 집사람의 손이 가면 안 고쳐지는 것이 없다. 참 잘하니 내가 한결 편하다.

내가 지금 한다는게 고작 글쓰는 것 뿐이다. 글을 써서 세상에 내놓기도 하니 참 좋아하는 것 같다. 원고를 써서 집사람에게 넘기면 참 잘 보아준다. 깊은 구석까지 잘 들여다보아 잘 잡아내는 것 같다.

나는 수치(數値)에는 그렇게 둔하지는 않지만, 밝은 체하지는 않는다. 가계부 같은 것은 써보라고 강요한 적은 없다. 집사람도 쓰지 않고도 머리로 계산하여 잘 사는 것 같다. 대강의 짐작으로 어림잡아서 쓰고 그렇게 해서 먹고 산다. 젊었을 때 벌어놓은 것 조금씩 헐어서 먹고 사니, 지금은 별로 걱정이 없다. 정확한 계산서는 없이 살지만, 가진 것 다 떨어지고 수명이 다하게 되면, 그보다 더 잘한 일이 없겠지만, 그러지 못한다면, 크게 잘못 산 인생이었다 할 것이다.

허물은 사람들을 끌어들이는 힘이 있다. 내 허물에 다른 사람들이 무심할 수가 없고, 다른 사람의 허물 또한 내가 무심할 수가 없기 때문이다.

알지 못하면서 아는 체하는 것은 큰 잘못이지만, 알고 있으면서도 모르는 체하는 것은 겸손한 것 같아 참 좋은 것 같다.

젊었을 때의 허물은 늙어서는 장점이 될 수도 있지만, 큰 약점이 되어 걸림돌이 될 수도 있다. 젊다하여 허물 범하기를 함부로 해서는 안된다. 이 세상에 허물없이 사는 사람은 없지만, 허물이라고 생각되면 서슴지 말고 고쳐야 한다.(改過勿憚) 과오를 피하지 말고 과감하게 달려들어 고쳐 없애야 한다. 그래야 마음이 편하고 일이 잘 된다.

사람이 하는 일이 많고 무궁한데, 허물없이 살 수가 없다. 과즉물탄개(過則勿憚改)라 하였으니, 허물이 있으면 기탄없이 고치라는 뜻이다. 잘못을 저질러놓고 고치지 않고 살면, 다른 사람들로부터 욕을 얻어먹지만, 그렇지 않고 고쳐서 살면 존경을 받으며 살 것이다.

세상 사람들의 입들은 모두 성자(聖者)여서 제 허물을 말하기를 싫어한다. 남의 흉보기를 좋아하지 말고, 제 허물부터 고치기를 제언으로 드린다. 사람들은 자기 허물을 감추려 하지만 절대로 감추어지지 않는다. 허물보다 쉽게 나타나는 것이 없으니, 감추려하지 말고 고쳐서 살기를 강권한다.

아내에게는 아내의 허물이 있고, 남편에게는 남편의 허물이 있다. 서로 허물 찾기에 바쁘면 가정은 얼마 못가서 거덜 난다. 입이 있으되 입을 닫고 살고, 본 것이 있으되 못 본 체하고 살고, 들은 것이 있으되 못 들은 체하며 살면, 부부간의 관계도 좋아지고 서로간의 믿음과 존경도 더해질 것이다.

우리집에 들어온 귀한 손님

어항 2개가 우리집에 갑자기 들어왔다. 하나는 크기가 작은 것이고, 다른 하나는 큰 것이다. 작은 어항에는 몸집이 큰 열대어가 3마리 들어 있었고, 큰 어항 속에는 갓 태어난 열대어 새끼 9마리가 들어 있었다.

집사람이 형제간 모임에 갔다가 부산에서 산다는 동생이 주었다며 가져왔다. 그러니까 부화(孵化)는 부산에서 한 것이지만, 모임 장소인 무주구천동을 거쳐 전라남도의 여수 우리집에까지 들어왔다. 작은 체구로는 견디어내기 어려운 길고 긴 여행을 통해서 온 것이다.

나는 고기에 관해서는 문외한(門外漢)이어서 이들의 생태를 알지 못한다. 그저 아는 것이라고는 집사람으로부터 들은 것 몇 가지 뿐이다. 꼬리가 붉으면 수놈이고 하얀색이면 암놈이라고 했다. 작은 것들과 큰 것들을 어항의 크기에 따라 분류해 넣은 것은, 작은 것이 큰 것에게 잡아먹히는 불행한 일이 생기기 때문이라고 했다.

그런 고기들 사이에서도 약육강식(弱肉强食)의 살육(殺戮)은 일어난다. 끼리끼리는 상종(相從)하여 서로 어울려 살지만, 몸의 크기만 좀 달라도, 인간 사회에서 일어나는 일이 그들에게서도 서슴없이 일어난다.

작은 것들은 어찌나 작던지 한참을 드려다 봐야 움직임을 알 수 있고, 더군다나 9마리를 다 헤아리려면 한참 시간이 걸려야 헤아려진다. 이놈들은 물의 표면에까지 올라와 입을 까북까북 움직이다 다시 밑으로 내려가 돌 틈을 뒤적인다. 올라왔다 내려가고, 내려왔다가 다시 올라가고, 그리고 또 어항 벽을 끊임없이 돌고 돈다. 밥을 주면 민첩한 동작으로 올라와 낚아채서 먹는다. 아주 본능적으로 이루어지는 일이지만 그것 또한 좋은 볼거리가 된다.

먹이에 관한 한 사람이나 어항 속의 고기들이나 다를 바가 없다. 먹지 않으면 어느 쪽이나 다 죽기 때문이다. 하루 종일 움직이다 밤에는 잠으로 휴식을 취한다. 그들의 그런 모습은 사람들에게서도 볼 수 있는 노동과 휴식의 관계를 상기케 한다. 생식기가 돌아오면 새끼를 낳아 후손을 퍼뜨리니, 이것 또한 인간과 똑같은 그들의 생활이요, 그들에게 주어진 숙명이다. 인간이나 다를 바가 없이 그들도 그들만의 생활을 유지하며 산다.

얼른 보기에 어항은 좁고 답답하게 느껴지지만, 그 좁은 공간에서 유영(遊泳)을 마음껏 즐기며 산다. 그 유영이 어찌나 자유롭고 아름답던지, 하늘에 떠가는 한운(閑雲)을 들여다보고 있는 것과 같다.

어항의 유리벽에 주둥이가 부딪히면, 방향을 꺾어 돌고 돌아 어디론가 간다. 구멍을 찾고 있을는지 모르지만, 아무리 찾아도 구멍은 없다. 그곳을 뛰쳐나가면 바로 죽음이다. 압살(壓殺)당할 것 같은 좁은 공간이지만, 그들에겐 넓은 공간이고, 그 곳을 그들의 안식처로 삼아, 영원히 살 길을 모색하며 살아야 한다.

어느 재산가가 죽을 때, 다음과 같은 조건을 붙여 막대한 재산을 조카에게 넘겼다고 한다. "남겨진 재산이라고는 금붕어 하나니, 체면상 언제나 깨끗한 옷을 입혀서 기를 것을 한시라도 잊어서는 안된다."라고 했다. 재산가로서의 체면을 유지코자 하는 좀 희화적(戲畵的)인 표현이다. 왜냐하면 고기에게 옷을 입히는 일은 없기 때문이다.

"신이 고기를 주었고 악마가 요리를 주었다."는 말이 있다. 신이 천지를 창조할 때 창조한 만물 중에 고기를 넣어서 창조했고, 악마가 그 고기를 잡아서 요리를 해서 사람들에게 먹게 했다. 그 맛이 천하에 일미였으니, 감사할 일이다.

우물 안의 고기는 바다가 있는 줄을 모른다. 오직 하늘만이 위로 뚫려 있어서 그것에서 만족을 느끼며 산다. 그래서 소견이 좁으면 우물 안의 개구리와 같다고 한다. 바다를 동경(憧憬)하다가 밖으로 뛰쳐나왔다간 가차 없는 생명의 위협을 받는다.

우물 안의 개구리는 그 속에서 살아야 하고, 사람 또한 우리의 주거공간을 유일한 거소로 삼아 살아야 한다. 살다가 답답하면 밖으로 나와 대자연의 호연(浩然)한 공간에 잠시 머물다가, 다시 사각공간으로 들어가, 그 곳에서 잠을 자고, 그 곳을 유일한 생활공간으로 여기며 산다. 그곳이 좁기는 해도 가족끼리 사랑하고, 서로 화합하여 살고, 그러다가 더 재미가 있으면 아들, 딸을 낳아 대를 이어 살아간다. 세월이 한참 지나면, 가슴속에는 그 좁은 공간도 좁다 하지 않고 즐겁게 살았다는 긴 여운(餘韻)이 남게 될 것이다. 인간의 생활도 어항 속의 열대어의 생활이나 다를 바가 없다.

생선과 손님은 사흘만 지나도 악취가 난다는 말이 있다. 손님을 좋아할 사람이 없고, 아무리 귀한 손자라도 들어올 때는 반갑지만, 나갈 때는 그놈의 뒤통수가 아름답다고 한다. 지금 우리집에 들어와 있는 두 어항의 고기들은, 보면 볼수록 신기하여 아무리 보아도 물리지 않는다.

고기와 진객(珍客)은 사흘이 지나면 싫어진다 하였지만, 우리집에 들어온 귀객(貴客)은 그렇지 않을 것 같고, 영원한 귀객으로 남아 우리를 즐겁게 해줄 것 같다.

손님은 대개 어둠이 깔리는 박명(薄明)에 들어와 하룻밤이나 이틀밤을 자고 가지만, 우리집에 들어온 놈들은 우리와 같이 영원히 살 수 있을 것이다.

옛말에 객반위주(客反爲主)라는 말이 있다. 객이 주인노릇을 한다는 말이지만, 이놈들은 우리집 진객이기는 해도, 주인 노릇이야 어찌 하겠는가. 영원한 우리의 손님으로 우리와 같이 오래오래 정들여 살았으면 한다. 겨울 추위를 싫어한다니, 해마다 돌아오는 추운 겨울을 무탈하게 날 수 있기를 간절히 기원하면서 이만 줄인다.

이 열대어를 우리집에까지 분양하여 준 부산의 이현 동생에게 깊은 감사의 염을 표한다.

붓가는 대로

인간은 불완전한 동물이요 불완전한 것에 만족하며 사는 불완전한 존재다. 죽을 때까지도 고치지 못하고 불완전한 채로 죽는다. 시련은 누구에게나 오는 것이고, 고통 또한 누구에게나 온다. 시련과 고통은 우리를 힘들게 하지만 우리를 단련시킨다. 시련 없이 편하게 살기를 원하다간, 그늘 밑에서 자란 화초처럼 나약한 사람이 된다.

지금껏 별 탈 없이 살고 있는 것은, 신앙생활을 하며 살고 있기 때문이요 복음 원리를 생활의 원리로 삼고 살고 있기 때문이다.

독수리가 고공(高空)을 날 수 있는 것은, 목숨을 건 수많은 날갯짓의 연습 때문이요, 고공이 두려워 편하기를 자처했더라면, 저공(低空)만을 나는 평범한 새가 되었을 것이다.

자수삭발(自手削髮)이라는 말이 있다. 자기 손으로 자기 머리를 깎는 것을 말한다. 어려운 일에 부딪혔을 때, 물러서지 않고 결연한 의지를 나타내 보이고자 함이다. 비바람이 거세게 불면 유력(乳力)을 다해서라도 막아내야 한다. 그래야만이 거친 세상을 살아가는 힘을 얻는다.

겸손한 자가 아니면 신앙과 소망을 가질 수가 없다. 신 앞에 무릎을 꿇는 겸손이 아니면 신앙 안에 들어올 수가 없다. 하나님의 율법에 순종하면서 살면, 그 길이 곧 안전한 길이요 바르게 사는 길이다. 크게 성취하지 못함을 탓해야 할 일이지만, 꾸준히 하지 못함은 더욱 탓할 일이다.

그간 꾸준히는 했지만 잘하지는 못했다. 열혈(熱血)을 바쳐 하지 못했으니 자랑할 일이 못된다. 신앙은 각자의 것이고 각자의 구원이다. 서로의 행함의 정도가 다르면, 가족단위의 구원도 어려울 수도 있다. 그러나 가족인지라 어지간하면 하나님의 자비의 손길이 나타나 그들을 하나로 묶어 살게 할 것이다.

신앙의 보응은 주는 대로 받을 것이다. 내가 행한 신앙으로는 구원(救援)은 너무 과분하다. 내가 행한 대로라면 저 밑자리가 좋을 것이다. 오히려 그 자리가 좋을 듯하다. 그 자리에는 별 놈들이 다 있을 것이다. 술에 취해 주정을 부리고, 악을 쓰고, 행패부리고, 남을 욕하고, 시기하고, 질투하고 하는 놈들이 많을 것이다. 지금 우리가 살고 있는 곳과 같아서 되레 그런 곳이 더 좋을 듯하다.

유황불 속에서 살라하면 내 그렇게 하며 살 것이다. 하나님을 나무라거나 탓하지도 않을 것이다. 종두득두(種豆得豆), 종과득과(種瓜得瓜)라 하지 않았는가. 콩 심은 데서 콩이 나고, 오이 심은 데서 오이가 나온다. 심은 대로 거둔다 하였으니, 심은 대로 거두는 이치는 불변의 이치다.

신앙치고는 저질 신앙을 했다. 그렇게 타고난 탓인지 잘하지 못한다. 원래 태어날 때부터 정토(淨土)는 내가 살 곳이 아니었는가 싶다. 생이 다해가는 마당에 이렇게 긍정하고 자위하며 살까 보다.

신앙하는 일이 남들은 쉽다고들 하지만 나에게는 참 어려운 일이었다. "너는 보는 고로 믿느냐? 보지 않고 믿는 자가 복이 있느니라." 참 기막힌 신앙의 정수(精髓)요 주제다. 신앙의 정곡을 찌르는 말이다. 그저 미치지(及) 못함을 탄할 뿐이다. 나는 그렇게 태어난 사람 같다. 억지로라도 할 수 있었으면 했을 것이다. 그러나 그것은 억지인 것 같아 그렇게 하지 못했다.

뜨겁지는 못했지만 열심히는 했다. 그러나 이렇게라도 신앙하며 산 것에 감사하고, 조금의 여한(餘恨)도 없다.

나락(奈落)이란 비참하고 처절한 마음의 상태다. 그저 나락의 심연에 떨어지지는 않은 것 같다. 그런 심저(心底)에는 내려앉지 않았다. 신앙의 힘이 컸다. 여생이 얼마일지는 모르지만, 사는 날까지는 이렇게 살다 갈 것이다.

어려울 때 힘을 얻었고, 가족들을 바르게 가르쳐 보호했고, 나쁜 생각, 나쁜 짓을 하지 않고, 늘 바르게 살려고 애를 썼다. 남을 해치지 않고, 남의 것을 훔치지 않고 살았으니, 그런 일들이 쉬운 것 같아도 그런 일들을 잘하기는 참 어려웠다.

온갖 일을 다하여 이리저리 잘 막았고(左遮右欄), 힘들었지만 겨우겨우 지탱하며 살았으니(左之右吾), 이것으로 자족하고 다른 투정부리지 않고 살기를 기원한다.

* *

나는 어렸을 때 한문 서당에 다녔다. 10살 때까지 네 권의 책을(千字文, 學語集, 童夢先習, 擊蒙要訣) 마치고, 11살에 초등학교에 들어갔다. 그런데 서당에서는 한 달에 한 번씩 배운 것을 외워 바쳐야 했다. 외우지 못하면 종아리를 걷어 올리고 5대의 매를 맞아야 했다. 스승과 제자 사이에 약속된 것이어서 아무런 불만이 없었다.

처음에는 나도 공부를 소홀히 해서, 매를 맞았지만, 매를 맞고 난 후부터서는 정신을 차리게 되었다. 매의 위력은 참으로 위대한 것이었다. 그래서 매를 교편(教鞭)이라고 한다.

그러나 지금은 매는 폭력이고, 폭력은 다른 폭력을 불러들인다 하여 매 때리기를 금한다. 매를 통해 자식들을 가르치는 일은 절대 안된다고 한다. 힘들더라도 "나의 훈계와 사랑으로" 하라고 한다.

언젠가 고향에 올라가서 있었던 일이다. 아버님이 가훈(家訓)이라 하여 「忍之爲德」이라는 글귀를 액자에 넣어 벽에 걸어 놓으셨다. "어찌하여 가훈을 「인지위덕」으로 정하셨습니까?"라고 여쭈었더니, "너의 형제가 9남매가 아니냐, 한 놈도 이탈자가 생겨서는 안된다고 생각했다. 그래서 부득이하게 매를 들어 다스리게 되었다. 그러다 보니 자식들이 모두 나를 무서워하게 되었다. 너도 그랬지 않았느냐. 지난날을 뒤돌아보니 너희들에게 미안한 생각이 든다. 그때 내가 조금만 더 참았더라면 되었을 것을 그러지 못한 것이 크게 후회가 된다. 이 가훈을 귀감삼아 화내지 말고 참고 살기를 바란다."라고 말씀하셨다.

모든 폭력은 싸우지 않고 상대를 굴복시킬 수는 있어도, 상대를 순종시킬 수는 없다.(L.N. 톨스토이) 아내가 남편을 지배하고자 하면 남편에게 순종하라고 한다.

지금 우리는 폭력이 난무하는 세상에서 살고 있다. 폭력은 날로 난폭해지고 있다. 사람의 목숨을 초개보다도 더 가볍게 여긴다. 사람을 죽이고도 눈 하나 깜짝하지 않는다. 인면수심(人面獸心)의 일이 하루에도 수없이 일어난다. 언제 이런 폭력이 멎을지 알 수가 없다. 살기 좋은 세상은 언제 올지 난감하기 그지없다.

분은 일시에 일어난다. 1,2초만 참으면 되는 것을 그러지 못해 일어나는 것이 분이다. 그래서 옛말에 "일시의 분을 참으면, 백일의 근심을 면한다."(忍一時之忿 免百日之憂) 하였다.

참기가 어려운 일이지만 참으며 살아야 한다. 참고 사는 자 중에 축복을 받지 않는 자는 없다. 참고 참다가 도중에 폭발하면 그간에 참은 것이 헛것이 된다. 기왕 참을 바에는 끝까지 참아야 하고, 죽을 때까지 참아야 한다. 그래야 인지위덕의 빛은 더욱 빛나게 된다.

자만(自慢)과 겸손(謙遜) 사이

옛날이야기 중에 이런 이야기가 있다. 한 여행객이 여행을 하다가 날이 저물어 한 여관에 들게 되었다. 그런데 그 여관집 주인은 두 첩을 거느리고 살고 있었다. 한 첩은 얼굴이 잘 생긴 미인이고, 다른 한 첩은 얼굴이 아주 못생긴 여인이었다. 그런데 이상하게도 못난 여인은 귀염을 받고 있었고, 얼굴이 잘난 여인은 천대를 받고 있었다. 주인에게 도대체 그 까닭이 무엇이냐고 물었더니, "저 미인은 제 스스로 미인인 것을 자랑하는지라, 진짜 미인이 어떤 것인 줄을 모르고 살고, 저 못난 여인은 제 스스로가 못난 줄을 아는지라 그 못남을 알고 살고 있노라"라고 했다.

자만심이란 자기 스스로를 높여 자랑하는 마음을 말한다. 아무리 겸손한 사람도 이런 마음을 조금은 가지고 있다. 나도 이런 사람들 중의 한 사람이어서, 이런 마음이 은연중에 일어나 내 자신을 자랑할 때가 더러 있다. 자기 자신을 자랑할 때는 신이 나서 하지만, 하고 나서는 어쩐지 겸연쩍고 부끄러운 마음이 일기도 한다.

그런데 요즘엔 나는 글을 쓰는 일을 제외하고는 하는 일이란 거의 없다. 그러다 보니, 남들이 자랑할 때는 주로 듣기만 한다. 하는 수없이 옛날에 했던 일 중에 자랑할 만한 일이 있으면 들추어 올려 가끔 자랑을 한다. 그 일에 열이 오르면 부끄러운 줄도 모르고 한참을 지껄이다가 소스라쳐 놀라기도 한다. 요즘에는 기억력마저 부실하여 똑같은 말을 반복하여 행하고, 전에 들었던 사람인 줄도 모르고 자랑하다가 창피를 당하기도 한다. 이런 증상은 노쇠하여 나타나는 증상 중의 하나로 어쩔 수가 없다.

자랑할 일이 있다는 게 얼마나 큰 재미인지 모른다. 그런데 요즘에는 그런 재미가 없으니 사는 것 같지가 않고, 고작 손자들로부터의 희보(喜報)나 기다리며 살고 있다.

자랑할 일이 있는데도 그 알량한 겸손 때문에 자랑하지 못하고 사는 경우가 많다. 자기를 자랑하고자 하는 욕구는 무한해서 이를 억제하려고 하면, 더욱 강렬하게 일어나 우리를 힘들게 한다. 다른 사람들에 의해서 밝혀지기를 은근히 기다리기도 하지만, 적중하지 않는 경우도 많다. 우리 모두는 이런 심리적 미묘성을 잘 알고 있는지라, 서로를 잘 이해해주고, 어지간한 것은 서로에게 알려서, 서로 알고 지내는 기쁨을 누렸으면 한다.

우리 모임에 한 회원이, 자기 손자란 놈이 우리나라 최고의 명문대학에 합격했다며 그날의 점심은 자기가 사겠노라고 했다. 듣고 보니 아주 그럴만 해서 그러라고 했고, 박수를 쳐서 크게 축하해 주었다. 이런 자랑은 꼭 해야 하고, 아무리 겸손이 좋다고 해도 이런 자랑마저 하지 못하고 산다면, 세상사는 재미가 없을 것 같고, 세상 살기가 답답하고 심심해서 세상사는 맛도 없을 것이다.

지금은 자기 표출의 시대다. 종횡(縱橫)으로 얽혀 사는데서 기쁨을 누리는 때다. 크게 잘한 일이 있으면 플래카드라도 내걸어 자랑해줘야 하고, 꼭 마음에 감추어 놓고 사는 것만이 겸손한 행위는 아니다.

무슨 일이든 지나치면 허물이 되지만, 그렇지 않으면 기쁨과 평안을 준다. 자만은 사람의 생각을 바르지 못하게 하고, 가던 길에서 벗어나 이탈하게 한다. 스스로 잘났다고 자랑하는 자 중에 남으로부터 대접을 받는 사람은 없다. 그런 사람은 마음속에 만심(慢心)이 가득차 있어서 그러는 것이고, 그런 만심(거만한 마음)은 잘못하다간 사람을 타락시킨다.

현명한 사람은 자기의 능력을 감추고, 어리석은 자는 자기의 것을 함부로 내놓아, 다른 사람의 생각을 어지럽게 한다. 학자가 자기의 학문을 자랑하면 학덕(學德)을 잃고, 학덕을 잃으면 현학(衒學)하는 자가 되어 학문을 그르친다. 겉은 수수하게 보여도 속의 광채가 빛나면, 주변 사람들을 아름답게 물들일 것이다.

자만은 바른 길을 가로막는 장애물이다. 이런 장애물은 겸손에 의하지 않고는 결코 헐리지 않는다. 자만과 겸손은 백지 한 장으로 갈리지만, 그 백지 한 장에 의해서 자만하던 사람이 겸손해지고, 겸손하던 사람이 자만의 나락(奈落)에 빠진다.

사람이 자고(自高)하여지면, 자만에 빠지고, 자기를 낮추고 겸손해지면, 세인으로부터 사랑과 존경을 받는다. 이 세상의 모든 아름다운 것은 겸손한 자들이 만들어낸 노력의 소산이고, 누추(陋醜)하고 타락한 것들은 자만한 자들에 의해서 이룩한 것들이다.

"겸손은 모든 덕의 근본이다.(Humility is the foundation of all virtues.) 신은 스스로 높이는 자를 낮은 자리로 떨어뜨리고, 낮은 자리에 앉은 자는 높이 끌어올려 대접한다."(탈무드)

자기가 남보다 우월하다고 느끼는 버릇은 자만의 극치이고, 이런 버릇은 자기 앞을 가로막는 파멸행위가 된다.(Pride is the ruin of wit.) 자만한 나머지 세상을 경거망동(輕擧妄動)하게 살다간 자기 도끼로 자기 발등을 찍는 우(愚)를 범한다.(自斧刖足)

나도 내 글이 남의 글보다 우월하다고 여기지는 않는다. 그저 겨우

싫지 않게 읽히는 글이라고 여길 뿐이다. 책을 세상에 내놓은 후에는 얼마간은 잠을 설치기도 한다. 독자들로부터 오는 질타와 혹평이 두렵기 때문이다. 자만보다 무서운 병은 없다.

자만하지 않고 정성을 다 해 살면 뉘우침이 없다.(誠無悔) 어쩔 수 없어서 하는 겸손은 겸손이 아니고, 스스로 울어나서 하는 겸손만이 진실한 겸손이다.

자기 자신에게는 가을의 서릿발처럼 엄하게 대하고, 다른 사람에게는 봄바람처럼 따뜻하고 부드럽게 대해야 한다.(持己秋霜 待人春風)

나는 거짓말쟁이

나는 거짓말을 잘한다. 내가 거짓말을 잘하는 것을 아무도 모른다. 나의 양심만이 알고 있다. 이 세상에 양심보다 더 바르고 정직한 것은 없다. 양심은 우리의 잘못을 낱낱이 고발하는 고발자다. 양심이 속삭이는 내면의 소리를 들을 수 있어야 정직하게 사는 자가 된다.

내가 하는 거짓말은 양심을 들추어 올릴 만큼 거창하고 큰 것은 아니다. 아주 작은 것이지만 하고나면 기분이 꺼림칙하여 견디기가 힘들다.

사실상 이런 제목의 글을 쓰기가 부끄럽다. 아무리 작은 것이라도 나의 치부(恥部)를 폭로하는 것이기 때문이다. 지금껏 나를 알고 있는 분들에게 미안한 생각이 든다. 세상의 모든 사람들은 나를 아주 정직하고 바르게 사는 사람으로 알고 있지만, 기실은 그렇지 못하다. 그전부터 그지없이 많은 거짓말을 하며 살았지만, 그때마다 들통이 나지 않았을 뿐이다. 이제는 더 이상 그래서는 안되겠다는 생각이 들어 이 글을 쓰게 되었다.

솔직히 말해서 내가 하는 거짓말은 세상을 놀라게 하는 경천동지(驚天動地)의 수준의 것은 아니다. 잠시의 체면을 유지코자 하는 그런 정도의 거짓말이다. 거짓말을 할 때, 기분이 상쾌한 것은 결코 아니고, 현장을 잠시 모면코자하여 하는 미봉책(彌縫策)일 뿐이다.

내가 지금껏 해 온 거짓말은 어찌나 많던지 다 열거(列擧)하기가 어렵다. 독자 여러분들도 다 알 것 같은 것들이어서, 이곳에는 내놓지 않으니 해량하기 바란다.

누군가가 거짓말을 하고 있다고 생각이 들면, 믿는 체하는 것이 좋다. 그러면 그 사람은 안심하고 더욱 신이 나서 거짓말을 한다. 그러면 종래에는 그 거짓말의 정체가 사실대로 드러난다. 그가 하는 그 말이 그럴 듯 하지 않으면, 더 이상 이야기가 진행되기도 전에 본색이 들어난다.

거짓말을 사실로 믿게 되는 이유는, 전적으로 화자의 구변술이다. 좋은 구변으로 그럴듯하게 최면(催眠)을 걸면, 그 최면에 대개는 걸려든다.

그러나 아무리 화술이 좋은 사람도, 잠시는 속일 수는 있어도 영원히는 속일 수가 없다.

아무리 작은 거짓말이라도 한 번도 하지 않고 세상을 살아가는 사람은 없다. 잠시의 체면을 유지하고자, 자기 자신을 거짓말로 도장(塗裝)하고자 하는 미혹은 누구에게나 있기 때문이다.

이 세상에서 가장 어려운 일은 거짓말을 하지 않고 사는 일이다. 나도 하도 많은 거짓말을 해서, 거짓말을 하지 않고 살 수는 없을까 하고 고민을 많이 했다. 거짓말을 하지 않고 살기로 결심한 나머지 붓을 들었다. 잘 될려는지는 모르지만, 거짓말을 하지 않고 사는 기쁨을 누리고자 한다.

거짓말을 끊지 않고 그대로 놔두었다간 눈덩이처럼 불어나서 나와 세상을 어지럽게 한다. 끊어야겠다는 생각이 들 때 단호하게 끊어야 한다.

거짓말처럼 빨리 퍼지는 것도 없다. 거짓말은 빠른 준족(駿足)으로

퍼져서 삽시에 이웃 마을을 휩쓴다. 기왕 할 바에는 안잡히게 해야 하지만, 그럴 능인(能仁)은 이 세상에 없다.

터무니없는 말을 지어내면 이를 주작부언(做作浮言)이라고 한다. 주작부언을 일삼다간 믿음이 상실되어 서로 어울려 살기가 어렵다. 의심스러우면 쓰지 말고(疑人不用), 썼으면 의심하지 마라(用人不疑) 하였다. 세상을 살되 거짓으로 살지 말고 정직하게 살아야 한다. 그래야 우리가 사는 곳이 살기 좋고 아름다운 곳이 된다.

한 사람이 거짓말을 시작하면, 다른 여러 사람이 이를 사실로 알고 전한다.(一人傳虛 萬人傳實) 거짓말쟁이는 옷 색깔을 늘 달리하여 입는다. 필요에 따라 이 색 저 색으로 갈아입으며 산다. 그러기를 계속하다간 큰 거짓말쟁이가 되어, 감옥에서 세월을 보내야 하는 옥수(獄囚)의 신세가 된다.

하늘을 우러러 보고 땅을 굽어보아 양심에 부끄럼 없이 살기를 기원하면서 이 글을 마친다.(俯仰無愧)

선불치신 선치심(先不治身 先治心)

몸에 병이 나면 먼저 몸을 고칠 것이 아니요, 마음을 먼저 고쳐야 한다

몸에 병이 나면, 먼저 몸을 고치는 것이 상례인데도, 마음을 먼저 고치라고 한다. 병을 고치고자 하는 자는 먼저 마음의 결의가 없으면 안된다. 아무리 좋은 약이 있어도 복용을 거부하면 아무 소용이 없고, 아무리 좋은 명의(名醫)가 있다 해도, 명의의 처방을 따르지 않으면 아무 소용이 없다.

아내의 몸에 병이 났으면, 전보다 훨씬 더 강한 사랑과 믿음을 남편에게 주어야 한다. 남편과 아내의 화합이 잘 이루어질 때, 아내의 몸에 난 병은 더 빨리 치유될 수가 있다. 그런 마음을 아내가 무엇보다도 먼저 가지게 될 때, 아내는 자기 몸에 난 병을 훨씬 더 수월하게 치유할 수 있을 것이다.

"보고 듣는 그 문으로 반드시 행복된 것만이 들어오는 것은 아니다. 보았기 때문에 괴로움을 얻고, 들었기 때문에 불행한 유혹에 끌리는 일이 수없이 많다. 귀와 눈으로 불행의 씨가 들어가지 않도록 경계해야 한다."(菜根譚)

육체와 정신 양자가 서로 화합이 잘 이루어질 때, 본 것이 바르게 본 것이 되고, 들은 것이 바르게 들은 것이 된다.

건강은 몸의 문제가 아니요 마음의 문제다.

여기 적은 제6부의 건강 십훈(十訓)은 내가 확실한 의학적 지식으로 쓴 것이 아니고, 평범한 상식으로 쓴 것이니 양지하기 바란다.

소차다보(少車多步)

(소차다보란 차를 적게 타고 많이 걸으라는 뜻이다.
이를 소승다보(少乘多步)라고도 한다.)

지금은 차의 시대다. 도로에 나가보면 차의 질주하는 모습이 가관(佳觀)이다. 차는 생활의 도구 중 가장 편리한 도구가 되었다. 마누라 없이는 살 수 있어도 차 없이는 살 수가 없는 세상이 되었다.

그러다 보니 차 없는 가정이 없고, 필요에 따라서는 한 집에 여러 대의 차가 있는 집도 있다. 아빠 차, 엄마 차, 아들 차 등 차 없이는 살 수가 없는 세상이 되었다. 사람마다 차가 있는 것은 사람이 하는 일이 다르기 때문이다.

대중교통 수단으로는 택시, 버스, 기차, 비행기 등이 있지만, 가장 편리하게 부려먹을 수 있는 것은 뭐니 뭐니 해도 각 가정의 자가용차다. 자가용차는 가정의 편리한 것 중에 단연 압권(壓卷)이다.

차가 많은지라 차 사고도 많다. 졸음운전으로 차 사고가 나고, 신호위반, 음주운전으로 차 사고가 난다. 차들끼리 부딪쳐 차 사고가 나고, 팔다리가 깨지고, 오장 육부가 부서지고, 가슴통이 부서진다.

보험회사가 움직이고, 경찰이 움직이고, 병원 의사들이 움직인다. 잠시만 고생하면 곧 성한 사람이 되어 나온다.

잘못하다가 죽기라도 하면 운수 대통하여 하늘나라로 간다. 사람의 목숨은 초개(草芥)와 같고, 어제 보이던 사람이 오늘은 보이지 않는다.

될 수 있으면 차를 적게 타고, 먼 곳은 할 수 없지만, 가까운 곳은 걸어서 다녀야 한다. 그래야 차를 아끼고, 기름도 아끼고, 운동 효과도 커서 일거다득(一擧多得)의 효과를 거두게 된다.

어지간한 거리는 걸어서 다녀보라. 소화도 잘되어 밥맛도 좋고 사지에 힘을 얻어, 잠시지만 걸어다니는 기쁨을 맛보게 된다. 늘 그러기를 일삼으면 소차다보(少車多步)의 효과가 얼마나 큰지를 알게 될 것이다.

*　　　　*

나는 매일 아침 공원에 나가 트랙을 한 시간 가량 돌다가 온다. 평생을 그렇게 했으니 나도 무던한 사람이다. 봄, 여름, 가을, 겨울, 한서(寒暑)의 차이도 상관하지 않았으니, 이것이 곧 내가 건강한 이유다. 태생적으로 잘 태어나서 그런 것은 아니다. 소차 다보를 늘 생활의 신조로 삼고 산 덕택에 산수(傘壽)의 고비를 넘기며 살고 있다.

힘들지만 운동은 꼭 해야 한다. 건강은 빌려 쓸 수가 없다. 내 생각이 모자라면 생각은 빌려 쓸 수가 있다. 생각을 빌려 쓰는 것은 잘못이 아니다. 모르는 것은 아들에게도 물어볼 수도 있고, 아랫사람이 누구이든 물어볼 수도 있다. 아랫사람에게 물어보는 것을 부끄러워해서는 안된다.(不恥下問) 땀을 흘릴 줄 모르는 사람은 결코 건강할 수가 없다.

소염다초(小鹽多醋)

(염분(소금)은 적게 먹고 식초는 많이 먹으라는 뜻이다.)

소염다초가 왜 좋은지는 의학적으로 정확하게 설명할 수가 없다. 그러나 좋다는 것은 알고 있다.

소염다초라는 한문 글귀가 어려우니 많이 읽어 외워두면, 평소의 식생활에 도움이 될 것이다.

소염다초를 정확하게 지키며 살지는 않지만, 그러나 이 원리를 염두에 두고 대강 지키며 살고 있다.

지금 이 나이에 다른 여한이 없다. 소염다초의 원리를 대강이라도 지키며 살면, 노년 건강을 유지하며 살 수 있을 것이다. 더도 덜도 말고 지금처럼만 먹고 살면 더 이상 바랄 것이 없다.

인생 말년에 치닫고 있는지라 다른 욕심이 없고, 그저 다소곳이 그리고 알뜰하게 살다 가기를 기원할 따름이다. 어진 아내는 늙을수록 좋다고 하였고, 선량한 아내는 생활이 알뜰하여 좋다고 하였다. 소염다초로 말년의 건강을 기원해 마지않는다.

천하의 아내들이여! 소염다초의 밥상으로 가족의 건강을 챙기기를 기원해 마지않는다.

소언다행(小言多行)

(말은 적게 하고 행동(실천)은 많이 하라는 뜻이다.)

언어는 그 사람의 인격이요 품위이다. 한 마디 말로써 그 사람이 지자(知者)도 되고 무식자(無識者)도 된다.(一言以爲知 一言以爲不知)

언어는 인간 문화의 발달을 주도한다. 언어가 없었더라면, 인간 간의 소통도 없고, 정(情)의 흐름도 나타낼 수 없을 것이다. 언어는 표현의 도구로서 인간이 개발한 것 중에 가장 으뜸가는 도구다.

말로 천냥 빚을 갚는다 하였으니, 말은 언제나 곱게 하고, 조용조용 톤을 낮춰서 하고, 해서는 안될 말까지 늘여놨다간 큰 피해를 입는다.

말을 어눌(語訥)하게 하면 눌변가(訥辯家)가 되고, 다른 사람보다 빨리하면 달변가(達辯家)가 된다. 나는 눌변가도 아니고 달변가도 아니다. 전달하고자 하는 생각을 잘 전달하면, 평소에 잘 단련된 능력 때문일 것이다. 고기는 씹을수록 그 맛이 나고, 말도 잘 씹어서 행하면 그 맛이 나서 듣기에 좋을 것이다.

말을 아끼고 말을 적게 해야 한다. 할 말은 꼭 하되, 해서 안될 말까지 해서는 안된다. 말로써 말이 많으니, 말을 행함에 상대방의 마음이 상하지 않도록 하고, 말로써 서로의 믿음이 훼손되어서는 안된다.

입은 화가 들어오는 문이요(口是禍之門), 혀는 몸을 자르는 칼이라(舌是斬身刀) 하였다. 입이나 혀를 잘못 놀렸다가 신세를 망치는 일이 없도록 해야 한다.

교언영색(巧言令色)이라는 말이 있다. 남의 환심을 사려고 아첨하는 말을 하고, 얼굴빛을 보기 좋게 꾸미는 것을 말한다. 말이 너무 곱고 얼굴색을 너무 곱게 꾸미는 것을 경계해야 한다. 말은 늘 소박하고 겸손하게 해야 하며, 믿음과 신뢰가 가도록 해야 한다.

*　　　*

다행(多行)이란 행동(實踐)을 많이 하는 것을 말한다. 말만 근사하게 잘하고, 행위로 실천을 하지 못하면 세인의 빈축을 산다. 사람은 말로 알려지는 것이 아니고, 행위로 알려진다. 말로는 곧 가서 행하겠노라고 해놓고 하지 않으면 실없는 사람이 된다.

아버지가 그의 가족에게 좋은 아버지로 알려지는 것은, 그의 말로써가 아니요 행위로써 이다. 상사가 부하에게 좋은 상사로서 알려지는 것은, 그의 말로써가 아니요 행위로써 이다.

말은 잎새요 행위는 열매라는 속담이 있다.(英國) 잎새가 아무리 잘 피어올랐다 해도, 열매를 맺지 못하면 아무 소용이 없다. 우리는 언어로써가 아니요 행위(實踐)로써 우리 자신을 표현해야 한다.

우리들의 행위는 전적으로 우리들의 인격이다. 우리들이 행하여 쌓아올린 금자탑이어야 한다. 숨겨진 고결한 행위는 만인의 사랑과 존경을 받는다.

아무리 목이 말라도 훔친 물은 마셔서는 안된다.(渴不飮盜泉水) 의롭지 못하거나 진실성이 없는 행위는 해서는 안된다.

소욕다시(小慾多施)

(욕심은 적게 갖고 베풀기는 많이 해야 한다는 뜻이다.)

세상에 욕심이 없는 사람은 없다. 말하기는 쉬워도 기실 욕심이 없이 살기는 힘들다. 우선 나부터 욕심 덩어리이다. 탐욕의 사슬에서 벗어나 보려고 무진 애를 썼지만 가능하지 않았다. 탐심은 없애보려고 애를 쓰면 쓸수록, 더욱더 큰 힘으로 달려들어 나를 옭아맨다.

나는 인생 말년에 이른지라 그렇게 많은 돈이 필요 없고, 겨우 먹고 살고, 병고칠 돈이나 있고, 손자놈들에게 용돈 줄 돈만 있으면 된다. 너무 많이 있으면 자식들 간에 싸움이 벌어져서, 남부끄러울 일이 생긴다. 차라리 아무 것도 없으면, 나와 그들 사이에 결산서나 계산서 같은 것은 필요 없을 것이다.

사람들은 재산에 관한 한 아무리 많이 가지고 있어도 부족하다고 여긴다. 부(富)와 인간과의 관계는 미묘해서 그 깊이를 알 길이 없다. 욕심이 욕심을 낳는다는 말이 있듯이, 욕심은 날개를 달고 하늘을 난다. 부의 치닫는 곳은 끝이 없어서, 하늘에 이르러도 더 얻으려 한다.

세상에는 바르게 살려는 사람들이 많다. 올바르게 살려는 사람들은 탐욕의 사슬에서 벗어나려는 사람들이다. 욕심 때문에 자기를 망치고,

가산(家産)을 송두리째 뒤엎는다. 정직하게 벌고 정직하게 쓰는 습성이 잘 길들여지면, 어지간한 세욕(世慾) 따위는 물리치며 산다.

권력욕에 대해서 이야기 하려고 한다. 세조(이씨조선 제7대 왕)가 승하할 때(죽을 때), 그의 비참한 죽음을 보고, 신숙주가 말하기를 "모든 것이 인간의 욕심 때문이구나. 풀잎 끝에 잠시 맺혔다가 사라지는 그 허망한 영화(榮華)의 탓이로구나."

세조가 임금 자리가 탐이 나서, 사육신(死六臣)을 죽이고, 생육신(生六臣)이 사방으로 흩어지고, 그리고 조카 단종(6대:12才)을 강원도 영월로 유배시켰다가, 종래에는 죽여 동강(東江)물에 띄워 보냈다.

권세를 수백 년이나 누릴 것처럼 그 못된 짓을 했지만, 얼마 못가서 그도 병이 들어 죽었다. 권력에 대한 욕심으로 잠시 허욕을 부리다가 그도 비참하게 갔다. 인생의 목숨은 초로(草露)와도 같이 허망하다. 나는 그런 권력욕이 없었던 탓에 이 나이가 되도록 편히 살다 간다.

평소에 그렇게 교화(敎化)시킨 부모님의 은혜가 크고, 천도(天道)의 유심(有心)함을 무섭게 알고, 바르고 의롭게 살려는 노력이 커서 오늘에 이르기까지 잘 살았다. 천은(天恩)의 지극함에 끝없는 감사를 드린다.

나는 권력에 대한 욕심은 없었지만, 학문에 대한 욕심은 없지 않았다. 이 욕심 또한 무한한지라, 그간 책을 10여 권이나 썼다. 이번에 쓰는 책을 마지막 책으로 삼으려 하니, 흐르는 누액(淚液)이 눈가를 적신다. 이제 학문에 대한 욕심도 다하고, 책을 쓰고 싶은 욕심도 다하였으니, 인간으로서도 파철(破鐵)이 다 된 셈이다. 하지만 목청이 터지게 "만세", "파이팅"을 외치며, 그간 흘린 땀과 열정에 감사하며 자위(自慰)로 삼고자 한다.

*　　*

다시(多施)는 많이 베푸는 것을 말한다. 남에게 베푸는 일이 쉬운 일은 결코 아니다. 그런데도 이를 행하여 어려운 사람들을 도와주는 사람들이 많다. 많이 벌어 많이 도와주면, 그보다 더 좋은 일이 없지만, 그렇게 하기가 쉽지 않다. 많이 벌기가 어렵고, 많은 사람들에게 베푸는 일이 결코 쉬운 일은 아니기 때문이다.

뜻이 바르지 않으면 아무리 많이 벌어도 보시(布施)는 안된다. 뜻이 거룩하지 않으면, 단 한 푼도 베풀기가 어렵다. 크게 베풀어 세상의 인심이나 얻어볼 양이면, 그것은 결코 시행(施行)이 아니고, 한 몫 잡아보려는 술수에 지나지 않다. 보은(報恩)을 바라지 않고 그냥 하고자 해서 한 것이라야 좋은 보시(布施)가 된다.

나는 지금껏 살았지만 보시라고는 한 것이 없으니 참 세상 잘못 살았다. 부끄럽기 그지없다. 책을 만들어 지인(知人)들에게 나누어 주어 읽게 하니, 이것이 보시라면 보시다. 이것이라도 하고 가니, 세상에 덜 미안한 생각이 든다. 공짜로 나누어 주며 읽게 하였으니, 참 잘하였다는 생각이 든다.

추운 겨울날 러시아의 한 장군이 전쟁터에 참여하는데, 한 거지가 손을 내밀며 한 푼을 부탁했다. 그러나 그의 주머니 속에는 돈이라고는 한 푼도 없었다. "이보게, 친구. 오늘은 준비가 없으니 미안하네."라고 말했다고 한다. 장군의 그 말 한마디가 그 거지가 받은 보시 중에서는 가장 큰 보시이고 그를 감동시킨 보시였다.

지금껏 받았던 보시 중에 가장 큰 보시는 부모님으로부터 받은 보시와 스승님으로부터 받은 보시 등 많은 보시가 있다. 또 지인들로부터 알게 모르게 받은 보시 또한 잊을 수가 없다.

자연 속에서 자라면서 자연으로부터 받은 은혜도 크다. 비바람, 천둥, 번개, 눈보라, 겨울철의 북풍한설에 시달리면서 살았다. 그런 것이 아니었더라면, 진작 병이 들어 죽었거나, 또 다른 탈이 붙어 어찌 되었을 것이다.

많이 베풀면 많은 축복을 받는다 하였으니, 부모님에게 잘하고, 이웃에게, 그리고 지인들에게 잘하여 큰 축복과 큰 보응(報應)을 받을 수 있기를 바란다.

소의다욕(小衣多浴)

(옷을 적게(얇게) 입고, 목욕은 자주 하라는 뜻이다.)

옷을 얇게 입으라는 말은, 어느 철이든 옷은 더 얇게 입으라는 뜻이고, 특히 겨울철에 옷을 얇게 입으라는 뜻이다. 겨울철은 옷을 아무리 껴입어도 한없이 더 껴입고 싶은 계절이다. 팬티만 입고 다른 내의는 입지 않고 겨울의 추위를 이겨내는 사람들이 많다. 젊은이들은 외출 시에도 돕바 하나만 위에 걸치고 나간다.

내 친구들 중에 겨울 내의를 4월 말까지 입고 다니는 놈들이 있다. 겨울 내의를 일찍이 벗었다간 큰 일이 일어날 것으로 생각한다.

옷은 계절에 맞게 입어야 한다. 여름에는 여름옷을, 겨울에는 겨울옷을 입어야 한다. 겨울에 여름옷을 입었다간 북풍한설(北風寒雪)의 추위를 견디어 내기가 어렵다. 젊은이는 젊은이답게, 늙은이는 늙은이답게 입어야 한다. 늙은이가 젊은이 흉내를 냈다간 큰 탈이 붙는다. 할 수만 있으면 옷은 더 얇게 입는 것이 건강에 좋다하여 하는 말이다.

*　　　　*

다욕(多浴)이란 목욕을 자주 하는 것을 말한다. 다욕이 건강에 좋은 것은 만인이 다 아는 일이다. 친구 놈들 중에 겨우내내 목욕 한 번 하지 않고 겨울을 나는 놈들이 있다. 때가 온몸에 덕지덕지 눌어붙어 있어서, 아내의 투정을 이겨내지 못하다가 한 차례 정도 겨우 움직여 목욕탕에 간다.

인도의 간디의 목욕 이야기를 해야겠다. 간디의 중요한 오락은 목욕이라고 한다. 그는 잠자리에 들기 전에, 아주 뜨거운 물속에서 40여분간 목욕을 하고, 책은 그 목욕탕 속에서 읽었다고 한다. 그러나 간디가 어떤 건강을 유지하며 살았고, 얼마나 오래 살았는지는 알 길이 없다. 그가 한 목욕의 습관으로 봐서는, 세상에서 가장 오래 살았을 것 같은 느낌이 든다.

새로 목욕한 사람은 반드시 옷을 털어서 입어야 한다(新浴者必振衣)고 하였다. 옷에 묻은 먼지가 새로 씻은 몸에 붙어 몸이 더러워질까 하여 하는 말이다.

겨울에 젊은이는 내의 없이, 늙은이는 내의를 입고 겨울을 나는 것이 좋다. 늙은이가 만용을 부려 내의 없이 겨울을 나다간 큰 일이 일어난다. 무엇이든 자기의 형편에 맞춰 행하면 후한을 면하게 될 것이다.

소로다소(小怒多笑)

(화를 적게 내고 많이 웃는 것을 말한다.)

화는 삽시에 일어나는 속성이 있다. 화처럼 무서운 것이 없다. 한 번 화가 일어나면 그걸 꺾기가 어렵다. 화는 어찌나 무섭던지 죽음도 가로막을 수 없다고 한다. 죽음이 가로막아도 부수고 앞으로 나아간다. 화는 파괴적 본능을 가지고 있어서 닥치는 대로 마구 부숴버린다. 사람도 죽이고 그가 누구이든 상관하지 않는다.

화내는 것은 이 세상의 행위 중에 가장 저열한 짓이다. 몇 초만 참으면 되는 것을 그걸 참지 못한다. 일어났다 하면 그 많은 일을 부수고 태우기도 한다.

그래서 일시의 분을 참아라(忍日時之忿), 그러면 백일의 근심을 면한다(免百日之憂) 하였다. 화는 일시에 일어나는 것이어서 일시의 분을 참으라고 한다.

이 세상에 화낼 줄 모르는 사람은 없다. 화낼 줄 모르는 사람이 있다면 그 사람은 바보다. 화를 내지 않는 사람이 있다면 그 사람이야말로 참으로 잘 연단(鍊鍛)된 현명한 사람이다.

*　　　*

웃음이 좋다는 것은 만인이 다 아는 일이다. 그래서 한 번 웃으면 한 번 젊어지고(一笑一少), 한 번 화를 내면 한 번 늙는다(一怒一老) 하였다. 기왕 웃을 바엔 하늘을 쳐다보고 크게 웃으라(仰天大笑) 하였다. 그러기를 매일 반복하면 웃음의 효과는 커서 날로 젊어지는 효과를 거둘 것이다.

세상 사람들이여! 화내지 말고 많이 웃으며 살자.

나는 화를 잘 내지만, 웃기도 잘하지 못한다. 몹쓸 것만 다 가지고 있다 보니, 날로 몹쓸 사람이 되어간다. 소로다소(少怒多笑)를 억지로라도 배웠으면 될 터인데도 그러지 못하고 살았다. 손바닥을 치며 크게 웃는 것을 박장대소(拍掌大笑)라고 하지만 그럴만한 일거리가 없어서 그렇게 해본 적도 거의 없다. 억지로라도 그런 시늉을 해봄직도 하지만, 어쩐지 어색하고 억지로 하는 것 같아서 잘하지 못한다.

입을 크게 벌리고 큰 소리로 웃는 것을 홍소(哄笑)라고 하고, 소리를 내지 않고 빙긋이 웃는 것을 미소(微笑)라고 한다. 어느 것이나 하루에 한 두 차례만 할 수 있어도 몸에 크게 좋을 것이다.

시도 때도 없이 웃는 사람이 있다. 그런 웃음을 치자다소(痴者多笑)라고 한다. 웃음이 아무리 좋다고 해도 이렇게 웃으면 실성했다고 할 것이다. 조심해야 한다.

얼굴이 깨질 정도로 크게 웃으면 파안대소(破顔大笑)라 하고, 하도 우스워서 껄껄 웃으면 가가대소(呵呵大笑)라고 한다. 웃으면 복이 온다 하였다. 소문만복래(笑門萬福來)라 하였으니, 웃음의 종류도 가지가지 수없이 많다.

지금까지 세상에 나온 웃음의 종류도 부지기수(不知其數)이지만, 나의 무식한 지식으로는 더 이상 쓸 것이 없다.

늘 얼굴을 밝게 하며 살라 하였다. 내 얼굴이 어두우면 다른 사람의 마음까지 어둡게 할 터인즉, 늘 밝은 얼굴을 갖도록 노력해야 한다.

인간 상호간의 관계를 위해서도 늘 밝은 웃음으로 살면, 다른 사람의 마음까지도 맑고 즐겁게 할 것이다. 늘 좋은 웃음으로 살 수 있기를 바란다.

소식다작(小食多嚼)

(적게 먹고 많이 씹으라는 뜻이다.)

소식하라는 말은 위장에 부담이 갈 정도로 많이 먹지 말라는 뜻이다. 너무 많이 먹으면 위에 부담을 주고, 위에 부담을 주면 위가 상하여 위력(胃力)을 상실한다. 평생을 소식하며 살면 위가 건강해져서, 평생 건강한 삶을 살 수 있을 것이다.

나는 소식이라 할 정도로 밥을 적게 먹지는 않는다. 먹을만치 먹어야 몸에 힘을 얻어 살 수 있기 때문이다. 밥을 먹되 잘 씹어서 먹을 것이요(30번 이상), 잘 씹지 않고 먹으면 소화가 잘 되지 않고, 소화가 잘 되지 않으면, 그대로 변으로 빠져 나오니, 헛것을 먹은 것이 된다.

아무리 좋은 음식도 씹을 이가 없으면 아무 소용이 없다. 자식은 오복(五福)이 아니어도, 이는 오복에 든다고 한다. 이를 앓게 되면, 그보다 더 고통스러울 수가 없다. 이를 잘 보존하도록 노력해야 한다. 걱정을 하던 일이 없어져서 속이 시원하게 되면 앓던 이가 빠진 것 같다고 한다.

기실 이가 자식보다 낫다고 하는 것은, 이가 있어야 먹고 살 수 있고, 맛있는 음식도 먹을 수 있기 때문이다. 좋은 이로 잘 씹어서 먹기 바란다. 소식과 다작으로 건강을 얻어 살기를 기원한다.

소당다과(小糖多果)

(설탕은 적게 먹고 과일은 많이 먹으라는 뜻이다.)

설탕은 달아서 한없이 먹고 싶지만, 한없이 먹고 싶다하여 무한량 먹다간 큰 사달이 일어난다. 과일은 맛이 좋고 사람의 몸에 좋다고 하지만, 그것 역시 무한량 먹다간 몸에 큰 탈이 붙는다.

과유불급(過猶不及)이라 하였듯이, 지나치게 많이 먹어도 안되고, 너무 적게 먹어도 안되는 것이니, 적당히 먹는 일에 늘 신경을 써야 한다.

평소에 먹는 음식 속에도 당분이 많이 함유되어 있는지라 별도로 설탕을 과다하게 섭취할 필요가 없다. 과일 속에도 당분이 많이 함유되어 있어서, 과일마다의 당분 수치를 헤아려 먹기가 어렵다. 예부터 하루 세끼를 나누어 먹는지라, 끼당 적당히 배분하여 먹으면, 참 잘하는 일이 될 것이다.

설탕은 가공 공장에서 가공한 것이어서 과다 섭취는 금물이지만, 과일은 비바람과 태양 광선에 노출되어 서서히 익는 자연의 소산물이다. 어지간히 먹어서는 별 탈이 없는 좋은 먹거리다.

나는 설탕이나 과자류는 거의 입에 대지 않는다. 전적으로 나이 탓이다. 하지 말라는 것은 거의 하지 않는다. 나의 몸에 대해서는 거의 반

의사여서 내가 잘 알아서 행한다.

부모는 자식의 병을 걱정한다 하였으니(父母有其疾之憂), 맛이 있다 하여 분별없이 먹지 말 것이요, 뒷일을 잘 헤아려 먹을 일이다.

소번다면(小煩多眠)

(번뇌를 적게 하고, 수면을 많이 취하라는 뜻이다.)

세상에 번뇌 없이 사는 자는 없다. 번뇌는 탐욕에서 생긴다고 하지만 다른 이유에서도 생긴다. 마음의 평정을 유지하며 살면 번민이 없을 것이지만, 마음의 평정을 유지하며 살기가 그렇게 쉬운 일은 아니다.

마음에 근심, 걱정이 가득하면 잠을 이루지 못한다. 마음이 늘 편하고 괴로움 없이 사는 일 또한 결코 쉬운 일이 아니다.

적당한 잠은 사람을 건강하게 하고, 잠을 적당하게 자지 못하면 건강이 무너진다. 잠을 사랑해서는 안된다. 잠을 너무 많이 자게 되면, 건강에도 해롭고, 사람이 게을러지고 종래에는 가난해진다.

몸에 근심이 가득할 때, 적당한 잠은 심신을 편안케 한다. 잠을 자지 못하면 건강을 잃고, 건강을 잃으면, 세상 모든 것을 잃는다. 잠은 보약보다 나은 것이니, 적당한 시간의 잠은 꼭 취하며 살기를 권장한다.

옛말에 고침안면(高枕安眠)이라는 말이 있다. 베개를 높이 하여 편안히 잔다는 뜻으로, 근심 없이 편안히 사는 것을 이르는 말이다. 그런가 하면 고침단명(高枕短命)이라는 말은, 높은 베개를 베면 오래 살지 못한다는 뜻으로, 윗말과는 서로 뜻이 어긋나는 말이된다. 윗말은 그냥 마음의 안정을 유지하며 사는 것을 말하고, 아랫말은 물리적으로 머리 부위의 안정을 낮게 유지하면, 혈액 순환이 잘되어 수를 늘리며 살 수 있다하여 하는 말이다. 나는 80평생을 낮은 베개를 베고 오늘에 이르렀으니, 고침단명을 늘 상기하며 산 것이 된다.

마지막으로 소육다채(小肉多菜)라는 말이 있다. 고기는 적게 먹고 채소는 많이 먹으라는 뜻이다. 이를 모두 합하면 건강십훈(健康十訓)이 된다. 건강십훈을 잘 이행하며 살면, 필연 건강의 축복을 얻어 살 것이다.

"사람은 자기 이로 자기 무덤을 판다"는 말이 있다. 지나치게 많이 먹어 몸이 불어나면 오래 살지 못한다. 다식으로 건강을 꾀할 생각을 해서는 안된다. 나이가 들면 몸이 굳어지는 속도가 빨라지니 날마다 다동으로 굳어진 몸을 풀면 움직이기가 훨씬 수월해질 것이다. 누워 있으면 죽고, 움직이면 산다. 이상으로 건강십훈을 마친다.

호추불고(戶樞不蠹)

(호추라는 말은 문지방(문턱)을 말하고,
불고라는 말은 좀이 슬지 않는다는 뜻이다.)

문밖출입을 하지 않고, 방안에만 틀어박혀 있으면, 문지방에 좀이 슬지만, 문밖출입을 자주하면 문지방에 좀이 슬 시간이 없다.

사람의 몸도 마찬가지여서 계속해서 몸을 움직이면(운동), 몸에 병이 들어올 겨를이 없다. 운동은 힘이 들어도 해야 하고, 좋은 날만 골라서 하자 함이 아니요, 날마다 그렇게 해야 한다.

화풍난양(和風暖陽)이 좋다하여 봄에만 하자 함이 아니요, 가을의 양기(涼氣)가 좋다 하여 가을에만 하자 함이 아니다. 더우면 더 서늘하게 차려입고 나서고, 추우면 옷을 더 껴입고 나서면 된다. 태양이 빛나는 날이면 밖으로 나와 상쾌한 대기(大氣)를 호흡하고, 비가 내리면 빗속을 거니는 낭만이 좋다.

방안에 붙박이처럼 처박혀 있으면, 마음은 점점 더 어두워져서 우울한 사람이 된다. 친구를 만날 일이 있으면, 그들과 만나 정담을 주고받으며 즐겁게 살아야 한다.

혹세무민(惑世誣民)

(혹세란 어지러운 세상을 말하고, 무민이란 백성을 속이는 것을 말한다.)

큰 지진이나 전쟁이 일어나면 세상이 어지러워지고, 헛된 소문이 나돌아 백성의 마음을 어지럽게 한다. 또 나라님들이 정치를 잘못하여 나라에 기근 같은 것이 일어나고, 홍수나 태풍 같은 것이 일어나면 백성들이 집을 잃거나 생명을 잃고 고난을 겪는다.

무민이란 백성을 속이는 것으로 헛된 소문이 나돌아 백성들의 마음을 어지럽게 하고, 위정자들이 백성을 속이고, 또 백성과 백성들 사이에 믿음과 사랑이 없어서 세상이 날로 어지러워진다.

백성들은 가난한 것을 불평하는 것이 아니고, 고루지 못한 것을 불평한다. 신분이 높은 자와 낮은 자 간에, 부자와 가난한 자 간에, 위정자와 백성들 간에 간극(間隙)이 너무 크면, 백성들의 불만은 날로 고조되어 세상은 살기 힘든 곳이 된다.

세상은 혹세무민이 아닌 평화롭고 살기 좋은 곳이 되기를 기원하며 이만 줄인다.

인비조상 무종지생(人非祖上 無從之生)

조상이 없으면 이 몸이 어찌 태어날 수 있었겠는가

정월 초하룻날에는 의례 손자, 손녀들을 비롯하여 아들 며느리까지 방에 모아 놓고 이런저런 이야기를 한다. 초하룻날부터 잘해야 1년 365일을 잘하게 된다며, 덕담삼아 많은 이야기를 한다.

나이를 아무리 많이 먹었다 해도, 현재 살아계시면 조상(선조)이라 하지 않는다. 나도 많은 나이를 먹었지만, 지금은 살아 있는지라 할아버지일 수는 있어도 조상은 아니다. 내가 죽으면 그때부터 나는 그들의 조상이 된다.

아들놈들이 지금은 나를 아버지라 부르지만, 만약 내가 죽으면, 나는 그때부터 그들의 선인(先人) 또는 선친(先親)이 된다.

내 몸은 조상으로부터 물려받은 것이니, 조상의 은혜에 늘 감사하고, 조상을 늘 공경하며 살아야 한다.

조상은 돌아가셔서 지하에 계시지만, 후손에 대한 그분들의 은덕은 끊임없이 이어진다. 조상으로부터 받은 덕을 음덕(陰德)이라고 한다. 돌아가셨다 하여 조상에게 잘못하는 자 중에, 잘 사는 자는 아무도 없다.

부모님 은혜를 갚고자 하되, 너무 높아 갚을 길이 없다(欲報其恩 昊天罔極) 하였다. 살아계신 부모님에게는 목숨이 다 할 때까지 지극한 효도로 잘 모셔야 하고(終盡其孝則 服勤至死), 부모님에게 잘 못하는 자 중에 잘되어 사는 자는 없다 하였으니, 부모 모시기를 하늘 모시듯 해야 한다.

구경(具慶)

(부모님이 생존해 계셔서 양위분을 모시는 것을 큰 경사로 여긴다.)

부모님 양위분이 생존해 계시는 것을 큰 경사로 여긴다. 양위분이 생존해 계시니 큰 기쁨이고, 자식들 또한 부모님 잘 모시기를 잘 행하여 기쁨을 누린다.

그런데 세상이 너무 많이 변해서 부모님 살아 계시는 것을 아주 귀찮게 여기는 세상이 되었다. 서로 모시기를 싫어하니 부모님이 갈 곳이 없는 세상이 되었다.

"자녀들아, 너희 부모를 주 안에서 순종하라. 이것이 옳으니라. 네 아버지와 어머니를 공경하라. 이것이 약속 있는 첫째 계명이니 이는 네가 잘 되고 땅에서 장수하리라. 또 아비들아 너희 자녀를 노엽게 하지 말고 오직 주의 교양과 훈계로 양육하라."(에베소서 6장)

엄시(嚴侍)

(아버님만 혼자 살아계시니 아버님 모시는 기쁨이 크다.)

부모님 양위분이 살아계실 때에는, 두 분을 모시는 기쁨이 크더니만, 모친이 돌아가시고 부친만 살아계시니, 그 기쁨이 절반이 되었다. 혼자 살아 계시는 아버님 모시기에 있는 힘을 다해야 한다.

두 분이 살아 계시면 서로 의지하며 재미있게 사셨지만, 한 분이 가시고 한 분만 남아 계시니, 그 외로움 또한 커서 사시기가 힘들 것이다.

아버님 혼자 살아계시는 것을 엄시(嚴侍) 또는 엄시하(嚴侍下)라고 한다. 귀찮다 여기지 말고 있는 힘을 다해서 모셔야 한다.

자식들은 자기 자식을 길러보기 전에는 결코 부모의 노고를 모른다 하였다.(養子息知親力)

자시(慈侍)
(모친만 생존해 계셔도 모친을 모시는 기쁨이 크다.)

부모님 양위분이 살아계셔서 모시는 기쁨이 크더니만, 두 분 중에 부친이 돌아가시고 모친만 살아계시니, 그 기쁨이 절반으로 줄어들었다.

두 분이 서로 의지하며 오순도순 재미있게 사시다가, 부친이 돌아가시고 모친만 혼자 살아남게 되시니, 혼자 사시는 모친의 외로움이 크실 것이다.

부모가 착해야 효자가 나온다는 말이 있다. 두 분의 성품이 어질고 착하면, 자식들도 두 분의 성품을 닮아 효자가 되어 부모를 잘 모시게 된다.

나쁜 아비라도 나쁜 자식을 원치 않는다(An ill father desireth not an ill son.) 하였으니, 도둑질하는 아비라도 자식이 도둑질 배우기를 원치 않는다. 부모 잘 모셔서 잘못된 사람이 없으니, 잘 모셔서 큰 축복을 받아 살기를 기원한다.

영감(永感)

(양친이 다 안계시니 영원히 슬픈 감회를 가지고 산다.)

부모님 양위분이 다 가시고 안 계시니, 그 슬픔이 영원하고, 두 분이 다 살아계실 때는 두 분 모시는 기쁨이 크더니만, 두 분이 다 돌아가시고 안 계시니, 두 분을 잃은 슬픔 이루 말할 수 없다. 효자가 아니면, 이런 감회를 느낄 수가 없을 것이다.

부모가 어서 죽기를 원하는 세상인데, 두 분 모시는 기쁨이 크다 하였으니, 세상에 이런 효자가 없다. 부모 잘 모신 자 중에 잘못된 자가 없다 하였으니, 꼭 잘 모셔서 세상에 그 효행과 이름이 널리 빛나기를 기원한다.

자기를 낳아 길러준 부모님의 은혜를 아는 자식이 없으면, 그 슬픔이 한없이 클 것이다.

천하의 자식들이여! 살아생전에 부모에게 잘하여 잘 되어 살기를 기원한다.

제8부

독자들로부터 주고받은 서신

여기에 실은 서신들은 독자들과 주고받은 서신들이다. 어떤 것은 짧고, 어떤 것은 길다. 긴 서신만이 꼭 좋은 것은 아니다. 짧은 것은 짧은 대로 의미가 함축되어 있어서, 보낸 분의 의중을 이해하는 데는 어려움이 없다.

나는 남의 책을 읽고 후감(後感)을 써서 보내는 일은 거의 없지만, 받은 서신은 거의 답신을 보내 감사의 염(念)을 표한다.

독자들 중에 내 책을 악서(惡書)라고 혹평한 사람은 없고, 거의 모두가 감독(甘讀)했노라고 한다. 우선은 기분이라도 좋으라 하여 그럴 것이다. 비판이 나쁜 것은 아니지만, 너무 혹독하면 다음에 글을 쓸 힘을 잃는다. 칭찬 한마디는 천군만마(千軍萬馬)의 힘을 주어, 새로운 의욕으로 또 다시 붓을 들게 한다.

여기 서신들은 남녀 간에 교환되는 사랑의 순애보(純愛譜)가 아니고, 저자와 독자 간에 교환되는 평범한 이야기들이다.

서신은 인간관계의 접촉의 시작이요 정의 흐름이다. 서신은 받아서 좋고 읽어서 좋은 것이어서, 양자 간의 높은 담벽도 쉽사리 헐린다.

독자의 혼(魂)은 자유여서 그가 나의 책을 어떻게 읽었는지는 완전한 자유에 속한다. 진실한 마음으로 전하는 것이면, 꼭 화려한 문체의 글이 아니어도 좋다. 받은 사람은 보낸 이의 글솜씨를 보는 것이 아니기 때문이다.

존경하는 정교수님 친전!

만 24년 만에, 항상 존경하고 흠모하던 정교수님을 여수자택에서 뵙게 되어서 말로 形言 할 수 없이 즐거웠고 다시 한 번 하나님께 감사드립니다.

특히 아름답고 우아하신 내무대신님을 함께 만나 人事를 나눌 수 있었음을 큰 영광으로 생각합니다. 분에 넘치는 대접과 따뜻하신 환대를 진심으로 감사드립니다. 특별히 정교수님이 들려주신 귀중하고 몸소 실천하고 계시는 건강 비법과 건설적인 生活철학에 깊은 감명을 받았으며, 저와 집사람은 앞으로 정교수님의 가르침에 따라 건강하게 잘 살려고 노력하겠습니다. 내내 건강하시고 하나님의 풍성하신 사랑과 보살핌이 존경하는 정교수님 댁에 함께 하시기를 기원합니다.

2013년 10월 20일

최 동설 드림

尊敬하옵는 丁 永培 교수님

書面으로 문안드립니다. 全州 김 동욱입니다.

교수님 著書는 모두 名著로 익히 잘 알고 있습니다만, 이번에도 "향기 그윽한 인생모년"이라는 名作을 감명 깊게 읽고 丁교수님의 존경스러움과 감사하다는 말씀밖에 드릴 수 없습니다.

小生 역시 人生은 바르게만 살지 못하고 香氣를 發하지 못하여서, 다시 한 번 마음을 가다듬고 살기를 다짐해봅니다.

항상 건강하시고 행복하시기를 기원합니다.

追伸 : 저희 지방에서 생산된 과일이 좋게 보여서 약소하지만 송부하오니 받아주시기 바랍니다.

2014. 3.

전주 村老 김 동욱 올림

尊敬하옵는 丁교수님!

보내주신 親筆 玉書 잘 받아서 감명 깊게 읽었습니다.

과분한 칭찬의 말씀과 手不釋卷 常習學問하며 살라는 忠告의 말씀도 감사하게 받아 명심하겠습니다.

또한 珍貴한 건강식품도 보내주셔서 감사한 마음으로 잘 먹겠습니다.

앞으로도 정교수님 名著書의 감명 깊은 글귀들을 反復的으로 읽으면서 一日三省 하는 심정으로 바르게 그리고 他人에 德이 되는 삶을 살아가도록 노력하겠습니다.

정교수님께서는 정통 학자로서 훌륭한 후진 양성에 殺身成仁하셨고 지금도 많은 독자들에게 귀감이 되는 명인으로 추앙받으시는 줄 잘 알고 있습니다.

앞으로는 120歲 時代라고들 말합니다.

오래오래 건강하시고 행복하신 여생이 되시기를 祈願드리고, 著書 活動과 많은 사람들의 추앙을 받으시면서 健勝하시기를 바라는 바입니다.

두서없는 拙筆 혜량하여 주시기 바라며 이만 줄이겠습니다.

2014. 3. 19.

全州 村老 金 東昱 拜上

존경하는 정 영배 교수님께!

"一生一死는 만고의 眞理이고 지금까지 살아온 것에 감사해야 한다. 우리 人間은 조금 더 살거나 조금 덜 살다가 갈 뿐이다. 추태 부리지 말고 갈 준비를 해야 한다. 늙어가되 그윽한 향기 풍기며 늙어가야 한다. 만족하며 살면 빈천해도 기쁨이지만, 만족하지 못하고 살면 부귀도 근심이라 하였다. 얻고 잃는 것에 너무 집착하지 말고, 베풀었다 생각하면 잃은 것도 얻은 것이 될 것이다."

丁교수님의 "향기 그윽한 인생모년"의 서언에 쓰신 훌륭한 글귀이며, 새겨들어야 할 내용이라 한번 되뇌어 보았습니다. 며칠간 모자란 강우량 때문에 비가 내리더니 오늘 하루는 조금 맑아 보입니다.

그간 교수님 內外분! 건강하시지요. 늘 연락을 드린다고 하면서도 차일피일하게 됩니다. 여수에도 한두 번 갔다 왔습니다만, 일을 보고 나면 돌아올 시간이 재촉되고 하여 상면하지 못하였습니다. 꼭 시간 내어 만나 뵈올 것을 약속드립니다. 부디 사모님과 함께 건강한 매일 되시도록 기원 드립니다.

지난달에 투고하였던 저의 글이 "한국과총" 월간지에 게재되어 보내드립니다. 딱딱한 글이 되어 읽기 귀찮으시겠지만, 시간 나시면 보아주시면 감사하겠습니다. "과학기술의 혁신과제"라고 보면 되겠습니다. 21~25p에 실렸습니다.

그럼 또 연락드릴 것을 약속드리면서 오늘은 여기서 실례합니다.

관심과 염려 주신 덕분으로 저희 가정 모두 건강하게 잘 지내고 있습니다. 丁교수님의 가정에 항상 하느님의 가호가 가득하시길 바랍니다.

감사합니다.

2014. 8. 22.

충남대학교 명예교수

李 暎浩 올림

오랜만에 불러보는 존경하는 정 영배 교수님 친전!

약 2주간 서울에 갔다가 오늘(2013년 1월 4일) 학교에 돌아와 보니, 이 건철 형제를 통해서 보내주신, 그야말로 아름답기 그지없는 명저 "바르게 산 자들이 누리는 행복"이라는 冊을 받았습니다. 너무나도 훌륭하고 매 페이지마다 담은 귀중한 人生 체험과 교훈을 기똥차게 잘 쓰셔서, 장시간의 여독에도 불구하고 그 다음 날 하루 동안에 다 읽었습니다. 제 나이가 금년 75세인데 하루 동안에 冊 한 권을 다 읽고 깊은 감명을 받기는 평생 처음이라는 사실을 고백합니다.

Nobel 문학상 수상자들을 뺨치는 그야말로 표현할 수 없이 훌륭하게 잘 쓰신 冊입니다. 대단하십니다.

좀 유감스러운 사실은 그 책 발행 날짜가 2010년 8월 20일인데, 만 2년이 훨씬 지나서 읽게 되었으니, 손해가 막심합니다. 그래도 늦게나마 그 冊을 읽게 되었으니, 천만 다행이고, 다시 한 번 머리 숙여 존경하는 세계 명저의 저자이신 정교수님께 심심한 경의와 찬사를 보냅니다.

저는 만 31년간의 BYU 교수를 금년 9월 1일 부로 마감하고 은퇴해서, 한국에 돌아가서 여생을 지나기로 결정했습니다. 한국에 가면 꼭 여수에 계신 정교수님을 찾아뵙고 귀중한 人生 철학을 배우려고 합니다. 약 3년 전에 wife가 폐암으로 하늘나라에 간 후, 혼자 살면서 一生一死의 피할 수 없는 운명의 참뜻을 되새기는 시간을 많이 가졌습니다.

하나 큰 부탁이 있습니다. 정교수님이 여러 권의 아름다운 수필집을 쓰셨는데, 가능하시면 저에게 소포로 부쳐 주시면 대단히 감사 하겠습니다. BYU 주소로 보내주시면 정확하게 빠른 시일 내에 배달됩니다.

정교수님! 너무나도 글 솜씨가 탁월하고 아름답습니다. 제 평생 간직하면서 여러 번, 여러 번 읽으려고 합니다.

하나님의 풍성한 사랑과 보살핌 속에서, 萬事 무강하시고 오래오래 건강하시기를 기도드립니다.

2,000명 교수 중에서 유일한 한국인으로서 32,000여명의 학생들이 비교종교학을 저에게 배웠습니다. 하나님의 크나큰 축복으로 생각합니다.

Brigham Young University

2013년 1월 7일

BYU 31년 마지막 학기 첫날

최 동설 드림

형님!

그새 별고 없으시겠지요. 잠시이었지만 뵙고 오게 되어 참 기뻤습니다.

그 자매님 편에 전해주신 수필집을 감사히 읽고 있습니다.

글 속에 비친 후덕하신 형님의 인품과 삶의 향기를 느끼고 있습니다.

흔들리는 가정과 사회에 소중한 가치를 일깨우는 귀중한 역할을 할 것으로 생각합니다.

부친이 쓰시던 전화에 대해 쓰신 글을 읽으면서 큰 감동을 느꼈습니다. 그 글을 읽으면 누구나 자기 부모에 대한 생각을 깊게 할 것입니다.

글을 재능을 가지고 쓰는 이들은 많지만, 그 글을 읽으며 그들의 인품을 느끼기란 흔한 일이 아닙니다.

세월을 이기는 장사가 없다지만 형님의 건강은 좋아 보였습니다.

아무쪼록 앞으로도 늘 건강하셔서 지금처럼 많은 글을 전해주시길 빕니다. 그 글들이 더 나은 세상을 만드는데 기여하리라 믿어 의심치 않습니다.

주님의 은혜와 축복이 늘 함께하시길 기원합니다.

2013. 10. 8.

박 병규

존경하는 최 동설 교수님에게(1)

띄워 보낸 서구(書鳩)는 감사히 잘 받아 보았습니다. 새 책이 나오기를 기다리다가 이렇게 답신이 늦어졌습니다. 아들이나 지인 정도는 생각했습니다만 사모님을 모시고 오시리라고는 생각지도 못했습니다. 첫눈에 미인이어서 '미인'이라는 말이 나도 모르게 튀어나왔습니다. 내 글이 세련되었다고 하셨지만, 진짜 세련된 분을 모시고 사는 기쁨이 크시겠습니다.

독수공방(獨守空房) 추야장(秋夜長)의 외로움을 면하시고, 좋은 분과 같이 사시는 기쁨까지 누리게 되셨으니, 천하의 복을 독차지하고 사시는 분 같습니다.

인천에서 이곳 여수까지는 거리가 먼데다, 누추(陋醜)하기 그지없는 저의 집에까지 찾아와 주셨으니, 참으로 감사할 일입니다. 선뜻 마음을 내어 오시기가 어려운 길인데도 두 분이 짝지어 오셨으니, 친구 따라 강남가는 기쁨이었을 것입니다. 인생 자체가 여행인데 서로 잘하며 살면, 모년인생(暮年人生)도 즐겁고 행복한 여정(旅程)이 되리라 믿습니다.

옛말에 석과불식(碩果不食)이라는 말이 있습니다. 큰 과일은 따 먹지 않고 남겨두어 후대(後代)가 먹도록 한다는 뜻입니다. 그 많은 과일 중에 하나를 남겨두어 까치밥이 되게 하면, 까치가 와서 주린 배를 채우는 호운을 누리게 됩니다. 그렇게 어렵게 남겨놓은 큰 과일을 반려자로 삼아 살게 되었으니, 횡재(橫財)치고는 드문 횡재일 것입니다.

일어나서는 안 될 일은 일어나서는 안 되고, 일어날 일은 꼭 일어나서 우리를 기쁘게 하는 경우가 많습니다. 그런 인연에 감사하며 사시기 바랍니다. 세월은 유장(悠長)하나 인생은 유한(有限)합니다. 남은 세월이 많은 것 같아도 결코 많지 않고, 세월이 또 어찌나 수유(須臾)하게 흐르던지 화살처럼 날아가 버립니다. 남은 삶 서로 잘해주어서, 먼 훗날에 여한 없이 잘 살았노라고 술회할 수 있기를 바랍니다.

얼마 전까지만 해도 친구 놈들이 간간이 찾아와 놀다 가더니만 지금은 종무소식입니다. 집은 마치 두 노승이 사는 절간과도 같아서 늘 조용하고 때로는 적막하기도 합니다.

우리집에 오는 놈들은 으레 자장면을 불러서 대접했습니다만, 그날은 특별히 먼 데서 오신 특별한 분들이라, 남자들에게 좋다는 보양 특식을 대접했습니다. 그간 저쪽 음식에 길들여진 탓인지, 그렇게 미각이 동치 않아 고생하셨던 것을 알고 있습니다. 다음에 오시게 되면, 어김없이 자장면 특식을 대접하도록 하겠습니다.

언젠가 80의 고비에 올라선 한 친구로부터 전화를 받은 적이 있습니다. 다음 고비는 90이니 90까지는 살아야 할 것이 아니냐고 했습니다.

마음을 급하게 먹으면 될 일도 안 되는 것이니(欲速不達), 마음을 느긋하게 먹고 깐닥깐닥 올라가자고 했습니다. 90 이후의 일은 하늘의 뜻에 맡기고, 주어지는 대로 살다가 밤새 연고의 변고로 이슬처럼 사라지는 고종명(考終命)의 축복을 누리자고 했습니다. 하지만 그런 복은 아무나 누리는 복이 아닙니다.

교수님은 장수 집안에서 태어나셨으니 100세를 넘기는 호운을 누리리라 믿습니다. 백세는 하늘이 내린 수라 하여 천수(天壽)라고도 합니다. 아무리 그래도 마음이 편해야 수를 누린다고 하였으니, 두 분이 마음을 합쳐 편히 사시면, 꼭 그렇게 되리라 믿습니다.

마음에 만족을 얻어 살면, 가난하고 천해도 기쁨이고(知足者 貧賤亦樂), 마음에 만족을 얻지 못하고 살면, 부귀영화도 근심이라고 하였습니다.(不知足者 富貴亦憂) 마음 편히 사시는 도리를 찾아 살면, 꼭 그렇게 되리라 믿습니다.

기왕 길을 트셨으니 다음에 또 오셔서 그간에 얽힌 이야기들을 들려주시면, 유별나게 좋은 들을 거리가 되리라 믿습니다. 다음에 오시게 되면, 그때는 집도 단장하고, 오시는 길도 장미의 화로(花路)로 단장하여 모시겠습니다.

건강은 만복의 근원이라 하였으니, 건강을 잃으면, 부귀, 영화, 권세, 명예 등 세상 모든 것을 잃습니다. 이번에 나온 책을 보내드립니다. 졸품(拙品)이지만, 독파(讀破)의 영광을 누리시기를 기원하면서 이만 줄입니다.

2013년 11월

정 영배 드림

존경하는 최 동설 교수님!(2)

그간 안녕하셨습니까? 좀 적조하였습니다. 다동(多動)으로 생활의 본(本)을 삼으시고, 섭생도 잘하며 사시는지라 별 탈은 없는 줄로 알고 있습니다.

입춘이 지난 지도 꽤 오래되었지만 아직도 한기(寒氣)는 여전하고, 이른 새벽의 공기는 살을 에는 듯 차갑기 그지없습니다. 오늘 아침에도 늘 하던 대로 두꺼운 옷차림으로 이곳 공원의 트랙을 돌다 왔습니다.

나갈 때는 몸이 좀 무거웠지만, 1시간여 동안 돌다 오니, 몸이 풀리고 기분도 좋았습니다. 이런 일을 계속하다 보니, 이제는 완전한 습관으로 굳어져서 별 어려움 없이 잘하고 있습니다. 습관은 사람을 지배하고 때로는 독종(毒種)으로 만듭니다. 저도 독종이 되어가고 있습니다. 아침에 나오는 사람들은 거의 다 나보다는 젊은 사람들이지만, 모두가 한겨울의 옷으로 중무장하고 나옵니다. 이른 아침부터 칼바람과 싸우며 열심히 사는 사람들입니다.

혹독한 겨울의 불청객(不請客)을 만나 고생하는 사람들도 있지만, 나는 아직은 그놈의 침입을 받지 않고 잘 버티며 살고 있습니다. 그저 천은(天恩)이 망극(罔極)함을 느낍니다.

저도 이제 80의 고비에 올라섰습니다. 세월이 수유(須臾)함을 느끼고, 인세(人世)의 허망함을 느끼지만, 불로장춘(不老長春)의 기세로 하루하루 열심히 살고 있습니다. 앞으로의 여생(餘生)이 얼마나 남아 있을지는 모르지만, 아프지 않고 건강하게 살다 가는 것이 소망입니다. 고종명(考終命)의 호운을 누리는 것이 소망이기는 해도, 소망한다고 다 이루어지는 것은 아닙니다. 그저 주어지는 대로 살다가 가는 수밖에 다른 도리가 없습니다.

80은 산수(傘壽)라고 합니다. 우산을 받쳐 써야 하늘의 재앙을 피할 수 있다 하여 하는 말입니다. 우산과 같은 방패의 힘으로 살아가는 나이가 곧 80의 나이입니다. 살아 보니 80은 넘기 어려운 험령(險嶺)이고, 잘못하다간 두 사람이 같이 넘지 못하고 홀로 넘어야 할 고령(孤嶺)이기도 합니다. 80의 험고(險高)를 넘지 못하고 별리(別離)의 비운을 겪기도 합니다. 같이 넘자고 금석맹약(金石盟約)으로 약속을 해도 그 뜻을 이루지 못하고 가는 부부들이 많습니다.

*　　*

어제는 집사람과 같이 밖에 나가 외식을 하고 돌아왔습니다. 그쪽에서 밥값을 내는 바람에 그냥 얻어먹고 왔습니다. 집에서 해먹기 어려운 음식인지라 별미처럼 느껴졌습니다. 시속잡상(時俗雜想)의 한담(閑談)을 많이 했습니다만, 그 저변에는 도도(滔滔)히 흐르는 노년 인생의 흐름을 느낄 수 있었습니다.

그쪽 부인도 다리를 다쳐 3개여 월 동안 병원 신세를 졌고, 집사람도 수영장에서 발을 헛디뎌 무릎의 인대가 파열되어 한 달여 동안 병원 신세를 지고 나왔습니다.

"분명히 사람은 자기의 시기를 알지 못하나니 물고기들이 재난의 그물에 걸리고 새들이 올무에 걸림같이 인생도 재앙의 날에 그물이 홀연히 임하면 거기에 걸리느라.(전9:12)"

겉으로는 똑똑하고 잘난 체해도 한 치의 앞도 보지 못하고 사는 것이 인생입니다. 모든 재앙이 예고를 하고 온다면 미리 피할 궁리라도 하겠지만, 자기의 시기를 알지 못하고 사는 우생(愚生)들이라, 아무 계책도 없이 당하고 맙니다.

*　　*

봄의 화신(花信)이 계속 올라오고 있습니다. 노인들이 살기에는 그지없이 좋은 계절이어서, 불원(不遠)한 시간에 몸에 걸쳐있는 두꺼운 돕바(Topper)를 벗어야 할 것 같습니다. 우리집 베란다에는 추운 겨울과 사투를 벌이며 화사하게 피어오르는 꽃들이 참 아름답습니다. 조금만 더 기다리면 살기 좋은 봄을 맞이하여 살 수 있을 것 같습니다.

눈도 적당히 내리면 눈 속을 거니는 낭만이나 추억도 크지만, 너무 많이 내리면, 재해도 커서 집이 무너지고 사람도 죽습니다. 한쪽에서는 봄의 서기(瑞氣)가 올라오고, 다른 한쪽에서는 설화(雪禍)로 고생을 하니, 계절이 바뀌어도 그냥 바뀌는 것이 아니고, 이런 이상한 재앙을 일으키며 바뀝니다.

*　　*

요즘 하루하루가 따분하기 그지없습니다만, 러시아의 소치(Sochi) 하늘 아래서 펼쳐지는 설원(雪原)의 제전(祭典)은 그간 막힌 숨통을 트이게 했습니다. 스포츠는 힘과 과학으로 이루어지는 인간 최고의 예술입니다. 한 점의 결함도 없이 이루어진 것이면, 천의무봉(天衣無縫: Flawless)이라 하여 극찬을 받습니다. 무엇이든 힘들여 한 것이면 다 예술입니다. 아내가 정성껏 차려 내놓는 밥상도 예술이고, 아내와의 잠자리도 조화와 Fusion으로 이루어지는 것이면 그것 또한 사랑의 예술입니다.

이 세상 모든 일은 미친 사람들이 만들어내는 역사입니다. 미치지 않으면 그렇게 잘할 수가 없습니다.(不狂不及) 그래서 역사는 승자만을 기억합니다. 승자만이 역사의 기록 속에 남아 오래 기억됩니다. 그들이 펼치는 은반의 연기는 인기(人技)가 아니고 신기(神技)였습니다. 사람의 자식들이 펼치는 연기가 아니고, 요정(妖精)의 자식들이 그들의 정령(精靈)으로 펼쳐내는 신품(神品) 명기(名技)였습니다.

"피는 자를 수 없다."는 어느 분의 말을 실감케 합니다. 가슴 조이며 응원했습니다. 분명 나는 대한민국의 국민이고 대한민국을 사랑하는 애국자인 것 같습니다.

희즉기완(喜卽氣緩)이라는 말이 있습니다. 너무 기뻐한 나머지 기운이 빠져 힘을 잃는다는 뜻입니다. 그들의 명기를 즐기다가 기운이 빠지기도 했지만, 고목봉춘(枯木逢春)의 새 기운을 얻기도 했습니다.

* *

인생 여로의 마지막 둥지를 그곳 인천에 트시고, 재미있게 살아가시는 두 분의 모습이 눈에 선합니다. 만족지수(滿足指數)를 낮춰야 행복지수가 올라간다고 합니다. 행복하려거든 항복하라고 합니다. 항복 문서를 써놓고 백기를 들고 살면 더욱 그렇게 된다고 합니다. 아무 탈 없이 살려거든 꼭 그렇게 하라고 합니다.

교수님께서는 그간의 여러 생각들을 잘 정리하시고, 지금쯤은 무엇인가를 열심히 하고 계실 줄로 알고 있습니다. 그러나저러나 지금껏 두 분이 하고 계시는 운동은 열심히 하셔야 잘 사시는 길이 됩니다. 내 말을 금과옥조(金科玉條)처럼 여기며 사셔야 잘 사는 길이 됩니다.

즐거움과 절제와 평정을 유지하며 살면 의사가 필요 없다고 합니다. 건강은 만복의 근원인 것을 다시 말씀드리면서 이만 줄입니다.

여수에서 정 영배 드림

尊敬하는 김 동욱 선생님!

其間 安寧하셨습니까? 麗水에 사는 丁永培입니다. 拙著인데도 完讀하셨다니 저에게는 이보다 더한 기쁨이 없습니다. 그리고 榮光입니다.

게다가 貴한 土産品까지 보내주셔서 참으로 感謝하고, 맛있게 잘 먹었습니다. 金先生님의 평소의 높은 人品과 香臭를 느끼게 했습니다.

저도 不足한 점이 많아 늘 고치며 살고 있습니다. 책 속의 많은 글귀는 더욱 잘하며 살자는 警告音입니다.

나이가 있으신 데도 책을 손에서 놓지 않으시고 계속 독서하며 사시는 김선생님의 모습은 만인의 龜鑑이 되리라 믿습니다. 늘 하시던 대로 手不釋卷 常習學問하시며 사시면 末年에 큰 報應을 얻어 사시리라 믿습니다. 健康은 萬福의 根源입니다. 늘 건강하시기를 祈願하면서 이만 줄입니다.

이곳 여수에서 生産되는 小品을 보내드립니다. 작은 마음을 보내드립니다.

여수에서 丁 永培 拜上

존경하는 이 영호(李暎浩) 교수님에게!

그간 무척 구조(久阻)하였습니다.

건강하시다니 다행대복(多幸大福)이십니다. 빈죽다사(貧粥多事)라는 말이 있듯이 생기는 것 없이 그간 좀 바빴습니다. 하던 일을 마저 치우다 보니 답신(答信)이 좀 늦어졌습니다. 이제야 마음에 여유를 얻어 붓을 들었습니다.

가끔 양수를 통해 교수님의 안부를 묻고 있습니다만, 그때마다 열심히 사신다는 이야기를 들었습니다. 가면 멀어진다(去者日益疎)는 이야기가 있습니다만, 이렇게 장문의 서구(書鳩)를 띄워 주시어 그간의 소원한 관계를 잇게 해주시니 감사한 마음 금할 길 없습니다.

보내온 퇴직 논문집은 교수님의 전 생애를 통해 이루어진 결정체(結晶體)이고, 찬연히 빛날 금자탑(金字塔)이기도 합니다. 한 장 한 장을 넘기며 교수님의 피와 땀이 서린 기념비적(紀念碑的)인 옥서(玉書)인 것에 감탄했습니다. 표제(表題)를 '눈은 먼 곳에 두고'라고 붙이고 평생의 업적을 집대성(集大成)한 대기록집이기도 합니다. 단순한 논문집이 아닙니다. 두고두고 후손들이 간직하여 조감(鳥瞰)해야 할 가문의 자랑거리이기도 합니다.

나는 퇴직할 때 내놓을 것이 없어서 그냥 몸만 빠져나왔습니다. 부끄럽기 그지없는 일입니다. 우리집 양수(良秀)는 아무렇지도 않는 표정이었습니다만, 기실은 부끄러워하는 나를 위로코자 함이었을 것입니다. 대학에서 같이 생활하면서 겪어봤으니까 잘 아시겠습니다만, 양수는 그렇게 말수가 많은 애는 아닙니다. 말보다는 행동으로 보여주는 소언다행(小言多行)의 성실하고 책임감이 강한 교수라고 믿습니다. 교수님의 책을 받아보고, 나처럼 몸만 빠져나오는 우(愚)를 범하지 않으려고 내심으로 결심하고 있으리라 믿습니다.

퇴직한 지도 어언(於焉) 10여 년이 훨씬 넘으니, 지금은 극로(極老)의 흔적이 몸 도처에 서려 있습니다. 몸은 날로 무겁고 생각 또한 날로 무디어 갑니다. 분별력(分別力)이 약하다 보니 가끔 말실수를 해서 주변 사람들을 어렵게 만들 때도 있습니다. 인생모년(人生暮年)은 다 그렇다고들 합니다만, 나를 위로(慰勞)하는 감언(甘言)으로 생각하고 체념(諦念)하며 살고 있습니다.

교수님은 이 논문집(論文集)에 나타난 9권의 책 이외에도 더 많은 책을 발간하셨으니, 몸이 녹아났을 법도 한데, 아직도 68세의 건장한 장년(壯年)으로 좌충우돌 불사조(不死鳥)처럼 살고 계시니 참 부럽습니다. 불원(不遠) 100세의 시대가 도래(到來)한다고 합니다. 30년을 더 사실 채비는 충분히 하신 듯합니다.

이제는 딱딱한 전공은 내려놓으시고, 마지막 인생을 조망(眺望)하는 좋은 글을 쓰시기 바랍니다. 지금까지 쓰셨던 붓을 다시 씻을 필요도 없이, 그 붓으로 머리에서 그냥 뽑아내어 쓰시기만 하면, 세상을 빛낼 좋은 옥고(玉稿)를 만들어낼 수 있으리라 믿습니다.

여수대학교에서 같이 계셨을 때는, 미안한 말입니다만 작은 연작(燕雀)에 지나지 않았습니다. 대몽(大夢)을 품고 일본에 가서 큰 공부를 하시고, 미국에까지 건너가 더 많은 학문을 쌓으시고, 충남대학교에서 대한민국의 중부권(中部圈)을 빛내는 세계적 석학(碩學)이 되셨습니다. 작은 연작이 큰 홍곡(鴻鵠)으로 비상(飛翔)하는 드문 사례를 만드셨습니다.

그 많은 제자들의 논문 지도, 학회와 사회 활동 그리고 본인의 논문 발간에 이르기까지, 잘못했더라면 몸까지 상할 뻔한 큰일을 하셨습니다만, 아직도 정정(亭亭)하시고, 사모님과도 금실(琴瑟)이 여전하시다니 대단히 부러운 일입니다. 정년 후에도 일손을 놓지 않으시고, 열심히 활동을 하고 계시는 모습은, 누구나 본받아야 할 귀감(龜鑑)이라 생각합니다.

이 논문집에 세 자녀가 쓴 "우리 아버지의 정년퇴임에 즈음하여"라는 글을 읽으면서는 눈시울이 뜨거워지기도 했습니다. "저희들은 이렇게 훌륭하신 아버지 어머니를 거울삼아, 앞으로의 인생을 잘 설계하여, 사회에 기여할 수 있는 일원이 되도록 최선을 다 할 것을 약속드립니다." "이렇게 훌륭하신 아버지 뒤에는 아버지 인생의 최고의 선택! 바로 어머니가 든든하게 지켜주셨다는 것을……." 참 감동적인 글귀였습니다. 교수님의 평소의 모범이 곧 그들을 그렇게 훌륭하게 만들었다고 생각합니다.

사는 것이 날로 험악하여 자식들이 부모를 밀어내는 세상인데, 유독 교수님 가정에서는 세상의 찬연한 빛을 보는 것 같아 큰 행복감을 느낍니다.

그간 우공이산(愚公移山)의 큰 노력으로 교수로서의 한 점 부끄럼 없이 마음의 심지를 다 태우시고, 지금은 다른 심지에 불을 붙여 여생(餘生)을 준비하고 계시는 교수님께 무한한 존경을 표합니다.

다음에 여수에 오시면 꼭 만나 뵙기를 기원하면서 이만 줄입니다. 내내 건강하십시오.

여수에서 정 영배 드림

이 교수님!

그간 안녕하셨습니까. 무척 구조(久阻)하였습니다.

저는 잘 지내고 있습니다. 갈 때가 되었는데도 이렇게 오래 살고 있습니다. 며칠 전에 노상(路上)에서 우연히 박 교수를 만났습니다. 그간의 역겨운 마음이 있었을 터인데도 편하게 잘 대해주었습니다.

요즘도 옛일이 악몽처럼 떠오를 때가 더러 있습니다. 자업자득(自業自得)의 업보(業報)라 생각하고 감내(堪耐)하며 살고 있습니다. 잘하지 못한 아쉬움은 영원한 아쉬움으로 남는 것 같습니다.

이 세상에서 저지른 잘못은 다 털고 가야 한다는 생각을 요즘 부쩍 많이 하고 있습니다. 이제야 늦철이 드는가도 싶고, 갈 때가 되어 그러는가도 싶습니다. 쥐구멍에도 볕 들 날이 있다더니 나에게도 그런 날이 오는가도 싶습니다.

그간 마음을 상하게 해드려서 죄송합니다. 뵙게 되면 그간에 얽힌 이야기들을 다 하고 싶었습니다. 세월이 흐르다 보니 요즘은 좀 초연(超然)해져서 이렇게 편지도 쓰고, 다른 데 또 얽힌 곳은 없나 생각하기도 합니다.

사람은 자기 덫에 걸려 살 때가 더러 있습니다. 잘하려고 하면 더 잘

안되는 그런 덫은 참 무서운 덫이었습니다.(欲巧反拙)

나 같은 사람이 걸리기 쉬운 그런 덫이기도 합니다. 한 번 꼬이기 시작하면 더 깊이 얽히는 참 빠져나오기 어려운 덫이기도 하였습니다.

언젠가 박 교수에게 짧은 글귀지만 통회(痛悔)의 글을 띄웠습니다.

그런 글귀 몇 줄로 그간의 앙금을 다 녹일 수 있었겠습니까.

이렇게 털어놓고 나니 마음이 참 편하고 이 교수님이나, 안 교수님을 만나기가 좀 부드러울 것 같습니다. 이제는 염라대국의 사자들을 좀 편하게 맞이하여 따라나설 것도 같습니다. 무엇이든 맺힌 채로는 안되고, 이곳에서 맺히면 다른 곳 어디에를 가도 꼭 맺힌다고 합니다. 글로라도 이렇게 풀고 나니 태산준령을 넘어선 것 같은 편안한 마음입니다.

몇 차례 망설이다가 졸권(拙卷)을 한 권 보내드립니다. 그간 불편한 마음에 반갑지 않은 손님처럼 느낄까 봐 무척 망설였습니다.

저속성(低俗性)을 면키 어려운 책이기는 해도, 잠시 세월을 잃는 셈치고 읽으시면, 세월이 다른 보상을 해주리라는 생각도 듭니다. 읽을 만하지는 않지만 나를 연단(鍊鍛)하는 마음으로 썼습니다. 이제는 기력이 달려 이런 글도 쓰지 못합니다. 옛날 같지 않은 징후가 몸 도처에서 나타나 힘들게 합니다. 마지막 선물로 달리 드릴 것이 없습니다.

인생모년(人生暮年)은 축복이 아닌 듯합니다. 건강하지 못하면 말년은 참 재미없고, 만인이 싫어하는 천덕꾸러기가 됩니다.

부디 건강하시기를 기원하면서 이만 줄입니다.

여수에서 정 영배 드림

정렬이 보아라

날씨가 너무 무더워서 살기가 힘들구나
다들 어떻게 지내느냐?
여름철 윗도리 하나 사서 보낸다.
여름철이라 훌렁하게 입으라고 좀 큰 것으로 골랐다.
사이즈가 105면 될려는지 모르겠다.
너처럼 좋은 아들을 둔게 자랑스럽다.
늘 고맙게 생각한다.
이 세상에 힘들지 않는 일이 어데 있겠느냐.
힘들더라도 열심히 사는데서 기쁨과 행복을 찾기 바란다.
한 가정의 가장 노릇이 얼마나 힘든 줄 아느냐.
인내와 사랑으로 잘 이끌어가기 바란다.
특히 너의 아내에게 잘하고,
두 딸 정선이와 하람이를 잘 키워 가르치느라 고생이 많다.
너의 부부의 그간의 고생을 알 것도 같다.
힘들어도 잘하며 사니 대견스럽게 느껴진다.
늘 무한한 사랑과 격려를 보낸다.

엄마도 잘 살고 있다.
힘들어도 인내하며 사는 기쁨이 크더구나.
지금은 엄마 몸이 좀 무겁다.
나이 탓인지 회복이 더디구나.
회복되는 대로 또 연락하마.
촌지를 보낸다. 가족들 데리고 나가 저녁이나 한 끼 먹도록 해라.
늘 건강하고 가내 화평을 기원하면서 이만 줄인다.

2016년 8월 엄마가

자투리(1)

다음의 글들은 글을 쓰다가 본문에서 밀려나 도중에 빼버렸거나, 아니면 맨 나중에 잘라낸 글들이다. 자투리 신세가 되어 한쪽에 처량하게 묻혀있던 글들이다. 보기가 너무 안쓰러워서 여기에 올려 편집하게 되었다.

문맥상 앞 뒤의 연결이 안맞거나, 지면 관계상 글이 너무 길어 부득이 잘라낸 글들이다. 글 내용이 부실하여 그런 것은 조금도 아니니, 그리 알고 읽어주기 바란다.

옷감도 그 옷에 불필요한 부분은 부득이 잘라내서 그 옷을 완성하지 않던가. 한 쪽으로 버려졌던 자투리도 언젠가는 다른 옷을 만드는데 크게 기여해서, 그 옷을 더 아름답게 하는 수도 있다. 자투리 글이라 하여 하대(下待)해서는 안되고, 읽어보면 그 맛이 좋은 것을 느끼게 될 것이다.

✧ ✧

• 양지를 많이 걷는 사람은 뜨거운 햇볕에 많이 탄다.(The men that walk much in the sun will be tanned at last.) 해변에서의 이글거리는 태양은 사람들을 태우고, 그러는가 하면 사람들을 건강하게 한

다. 너무 태우면 피부에 물집이 생기고, 잘못하다간 피부병에 걸리기도 한다. 무엇이든 너무 과해도 안되고, 부족해도 안된다. 태양 빛으로 건강을 얻기도 하고 잃기도 하니, 태양 만세가 늘 좋은 것은 아니니, 삼가하여 행할 일이다.(過猶不及)

- 자기의 과오를 자진해서 인정하는 자는 거의 없다.(Nobody is willing to acknowledge that he is in fault.) 오히려 방귀뀌고 성내는 격으로, 잘못은 제가 저질러놓고, 성을 내서 옆 사람들을 힘들게 한다. 고름은 결코 살이 되지 않는 것이니, 잘못된 것은 기탄없이 도려내서 살면, 나도 좋고 모든 사람이 다 좋다.
- 좋은 기회를 만나지 않는 사람은 없다. 그것을 붙잡지 않았을 뿐이다. 기회에는 우리가 만드는 기회와 저절로 찾아오는 기회가 있다. 힘이 있는 자만이 그 기회를 붙잡을 수 있다. 기회는 누구에게나 오지만, 힘이 없으면, 붙잡을 수가 없다. 힘을 길러 꼭 붙잡아야 한다. 그래야 성공한다.
- "슬픈 어조(語調)로 말하지 말라. 인생은 일장춘몽이라고. 인생은 참된 것, 인생은 진지(眞摯)한 것, 무덤이 인생의 목표가 아니라, 끊임없이 성취하고 추구하면서 일하고 기다리는 것을 배우자"(롱펠로우) (내 책에 인용하려고 하였으나, 자투리가 되었다.)
- 허위에 차 있는 사람은 얼굴 모양부터 일그러져 있다. 허위에 사는 사람은 얼굴에 어두운 그림자가 추하게 드리워져 있다. 진실한 사람의 얼굴은 늘 맑고 밝아서, 언제 보아도 믿음직스럽고 아름답다. 연지 곤지로 분장할 필요도 없고, 선한 빛이 마음속으로부터 저절로 울어나와 보는 이들의 마음을 즐겁게 한다.
- 허식이 없고 진실하면 이를 곤관(悃款)이라는 말로 표현한다. 마음이 진실하면, 만인에게 믿음을 주어, 무슨 일을 하던지 잘 이룰 수 있다.
- 남이 하는 것을 시기하는 사람들이 많다. 사돈이 땅을 사도 배가 아

프고, 남의 자식이 잘 되는 것을 봐도 배가 아프다. 지금껏 나도 그런 생각을 하며 살았다. 나도 참 나쁜 사람이다. 우리는 남이 겪고 있는 불행이나 괴로움에 기쁨을 느낀다. 사람들은 자기가 하지 못하는 일을 남도 하지 못하게 한다.

- 지도자의 덕목 중에 가장 중요한 것은 용기와 비전이다. 지도자가 심약하여 용기가 없으면, 큰일을 해낼 수 없고, 그리고 앞날을 내다 볼 비전이 없으면, 미래에 대한 희망과 기대가 없다. 시-저가 그 험한 루비콘 강을 건넌 것은 용기가 있었기 때문이요, 로마 제국의 앞날에 대한 비전을 보았기 때문이다. 꼭 지도자가 되기 위해서가 아니고, 평소의 생활 속에서도 당당하게 살기를 힘쓰면, 기가 살아나서 활기차게 살 수 있을 것이다.
- 아침에 일찍 일어난 자만이 아침의 서기(瑞氣)를 마실 수 있다. 아침의 서기는 우리의 몸을 상쾌하고, 활기차게 하는 상서로운 기운이다. 일찍 잠자리에 들어 충분이 휴식을 취하고, 아침에 일찍 일어나 하루를 시작하면, 보약보다 더 좋은 영약(靈藥)이 된다.
- 어미소가 새끼를 낳으면 쉴 새 없이 핥아서 모자간의 정을 나눈다. 이것을 지독지정(舐犢之情)이라 한다. 정의 두터움은 동물이라 하여 덜하는 것은 아니다. 송아지가 옆에 보이지 않으면 '음메'를 연발하여 기어코 찾아낸다. 그리고 나서 안심을 한다.
- 절실하다고 느껴지면 몰입(沒入)해 보라. 주입식 교육이 오늘의 한국을 위대하게 만들었다. 한 번 쯤은 전력투구를 해봄직도 하다. 보기엔 안쓰럽지만 꼭 한 번쯤은 해봐야 한다. 시작해 보라. 작심삼일(作心三日)하지 말고, 몸을 바쳐 집중해 보라. 잘하면 기적이 일어날 수도 있다.
- 대상포진과의 싸움은 지겨운 싸움이었다. 어떤 의사는 대상포진은 고치지 못하는 병이고, 평생을 고생하며 살아야 할 병이라고 했다. 수

원에 있는 '김찬 병원'으로 갔지만, 여수에서 수원까지는 기차로 4시간이 더 걸리는 거리다.

그곳에는 대상포진 명의가 있었고, 그분을 만나 치료를 받기로 결심을 했다. 그곳에서 10일 간 입원하고, 그 후로는 1주일, 2주, 3주, 4주 간격으로 올라갔다. 대상포진이 발병한 지 7개월이 다 되어간다. 그간 많은 병원을 들락거렸다. 환자는 귀가 얇아서 좋다고 하는 곳은 다 찾아 다닌다.

몸에 병이 나면 몸을 고칠 것이 아니요(先不治身), 먼저 마음을 고치라(先治心) 하였다. 마음의 다짐이 없으면, 아무리 좋은 의사가 있어도 소용이 없고, 아무리 좋은 약이 있어도 소용이 없다. 먼저 의사를 신뢰하고, 약을 신뢰해야 한다.

워낙 거리가 먼지라 병원에 가기가 싫었지만, 의사가 종결 선언을 할 때까지는 만난을 무릅쓰기로 했다. 지겹다 할 정도의 인내력으로 버텼다. 인간과 인내력과의 싸움이었다. 내 나이가 산수(傘壽)의 고비를 넘긴지라 더 더욱 그러했다.

지금의 생각으로는 그 싸움에서 거의 이긴 것 같다. 의학적으로 근치(根治)의 판정이 나와야 이 싸움은 승리로 끝난다.

그간 나의 대상포진 치료를 위해 고생하신 김 도완 명의님께 감사를 드리고, 신기(神技)에 가까운 주사로 병의 기(氣)를 꺾어버린 여자 과장님(이름은 모름)에게 무한한 감사의 염을 표한다.

자투리(2)

- 가정은 이 세상에서 가장 소중하고 아름다운 곳이다. 가정이 아름다운 것은 그 속에 가족이 있기 때문이다. 가족이 아름다운 것은 그들이 서로 사랑하며 살기 때문이다. 가족이 서로 사랑하며 살지 못한다면, 가정보다 더 살기 힘든 곳은 없다. 가족은 매일 만나는 사람들이고, 사랑 없이 매일 만나는 일보다 더 불편하고 힘든 일은 없기 때문이다.
- 가정은 천재를 만드는 곳이 아니고, 노력하여 열심히 사는 자를 만드는 곳이다. 천재가 노력하는 자를 이길 수 없는 이유도 여기에 있다.
- 우리 엄마 아빠가 이 세상에서 가장 친한 사이인 것을 알 때, 자식들은 한없는 행복감에 젖는다.
- 부모는 희생의 화신이요 사랑의 대명사다. 자식들이 잘 되는 일이라면 만난(萬難)을 무릅쓰고, 자식들이 잘 되는 데서 기쁨과 행복을 느낀다. 부모는 자식을 키우면서 인생을 배우고, 부모의 가족 사랑과 열정은 세상을 움직이는 힘이 된다.
- 가족의 결합은 운명적 결합이다. 선택적 결합이 아니다. 가정의 질서에 순응하고 가정에 속하여 사는 것에 감사해야 한다.

• 근심의 요인은 수천 가지이지만, 근심은 왔다가 가고 갔다가 온다. 근심에게 오래 공략 당해 있으면 마음은 견디지 못하고 무너진다. 근심은 결코 이겨내기 힘든 적이다. 그러나 마음을 비우면 근심은 물러난다. 마음을 비우지 않으면 근심은 사라지지 않는다. 근심이 떠나간 자리에는 바르고 새로운 것을 채워 넣어, 다시는 근심이 돌아오지 못하게 해야 한다.

• 입추, 말복, 처서가 차례로 지났는데도 염제(炎帝)의 기승은 여전하다. 아침저녁으로 실날 같은 양기(凉氣)의 흐름은 있지만, 한낮의 폭염의 열기는 여전하다. 혹시라도 만용(蠻勇)을 부려 밖에 잘못 나갔다간 폭염에 데여 죽을 것이다.

더위를 피하려거든 더위 속에 들어가 싸우고, 추위를 피하려거든 추위 속에 들어가 싸우라 하였다. 더위를 무서워 피하는 자는 더위에 눌려 죽고, 추위가 무서워 피하는 자는 추위에 눌려 죽는다. 그러나 만용을 부려서는 안된다.

밤은 날마다 열대야고, 찜통 속에서 잠이 들고, 찜통 속에서 잠을 잔다. 그 무서운 열기 속에서 어떻게 잠이 들고, 어떻게 잠을 잤는지는 알 수가 없다. 밤새 몸을 뒤틀다가 잠을 깨지만, 간밤에 무사히 살아남은 것에 감사한다. 밤을 맞이하기가 무섭고, 이런 밤이 오래 계속된다면 얼마 견디지 못하고 죽을 것 같다. 지구촌 가족들을 모두 압살(壓殺)하려는 기세로 태양의 열기는 날마다 계속된다.

하늘을 쳐다보면 구름 한 점 없고, 이글거리는 태양의 열기에 만물은 기가 죽어 조용하다. 바람 한 점 없으니, 움직이는 것이라고는 없고, 간간히 지나가는 차들 뿐이다. 사람들은 방안으로 숨고, 선풍기 앞에 앉아 겨우 숨을 헐떡거린다. 폭염과 맞서려다간 폭염이 휘두르는 화염검(火炎劍)에 숨도 쉬지 못하고 죽을 것이다.

이른 새벽에 나가 체력을 단련하고, 세끼 밥 잘 먹고 사는 것이 이

여름의 폭군을 이겨내는 길이다. 필요하면 잠시의 오수(午睡)로 피로를 푸니, 이보다 더한 피서도 없다.

친구들 모임 날은 기를 쓰고 나가 그들과 어울린다. 그들과 한 바탕 웃고 떠들고 나면, 새 기운을 얻어 살 힘을 얻는다. 그들의 건강비담(健康秘談)은 꽤나 들을 만 하고, 몸에 힘은 빠졌지만, 기운이 입으로 올라온 때문인지 입담은 세다. 그들과의 소요 속에서 한참을 즐기다 보면, 이 무서운 여름의 폭군을 꺾을 힘을 얻는다. 더위가 이렇게 유별났으니 금년은 유별난 해로 기억될 것이다.

• 먹을 것이 지천에 널려 있어 안 먹어도 배부른 계절이다. 알밤이 어느새 익어 쏟아져 내리고, 푸른 하늘엔 텅빈 가시 송이만이 덩그러니 매달려 있다. 따스한 가을볕에 들녘은 황금빛이 날로 더해가지만, 가을걷이가 끝나면, 논밭은 텅비어 황량해진다. 우리의 마음은 소슬해져서 서글픈 마음이 든다.

• 붉은 잠자리들은 물을 차듯 하늘로 치닫고, 어린 손자놈은 잠자리채를 휘둘러 보지만 계속 허탕이다. 어쩌다가 한 마리라도 잡으면 의기가 충천하여 삽시에 개선장군이 된다.

지금껏 땀 흘려 가꾸었던 것들이 이렇게 결실로 거두어지니 얼마나 좋은가. 부지런한 자만이 거둘 보화가 있다 하였듯이(勤者得寶), 땀흘려 일하는 것보다 더 값진 것은 없다.

※ 다음은 내가 가끔 읽는 시 중의 하나다. 그러다 보니 외울 단계에 이르렀다. 제목은 희망이다.

폭풍이 지난 들에도 꽃은 핀다.
지진에 무너진 땅에도 맑은 샘은 솟는다.
불에 탄 흙에서도 새 싹은 난다.

우리는 늘 사랑과 빛이 가득한 이 자연의
속삭임에 귀를 기울이자.(G.G. 바이런)

- 매미란 놈이 창가에 와서 운다. 여름이 한창인가보다. 짝을 찾아 울다가 짝이 오지 않으면 딴 데로 간다. 지지리도 복은 없는지 보름 밖에 살지 못하고 간다. 땅속에서 허물을 벗고 나와 외계를 부유(浮遊)하며, 청홍(青興)의 세월을 즐기며 산다. 그러다가 기운이 다하면 아무데나 떨어져 죽는다. 개미떼에게 물어뜯기고, 사람의 발길에 밟히면 몸통이 깨지고 사지가 박살이 난다. 혹서 속에서 그것 좀 살다 가려고 이곳에 왔는가. 애가(哀歌)나 한 가락 띄워 보낼까보다.

※ 그간 글을 쓴 세월이 많은지라, 자투리도 꽤 많다. 못생긴 나무가 선산을 지킨다더니, 자투리땅이 훗날 금싸라기 땅이 되어, 한 몫 크게 챙기게 된다. 자투리 글이 독자들의 사랑을 받을 수 있기를 바라며, 2회에 걸친 자투리 행진을 마친다.

이 책을 끝내면서

사람이 하는 많은 일 중에 가정을 이루어 사는 일만큼 중요한 일은 없다. 나도 한 가정의 가장이 되어 아들, 며느리, 손자, 손녀들과 오순도순 이야기하며 잘 살다 가니, 이보다 더 기쁜 일이 없다. 엄마가 행복하면 온 가족이 행복하고, 아빠의 얼굴이 밝으면(和其光) 가족 모두의 얼굴이 밝아진다.

가정은 정이 흐르고 사랑이 흐르는 곳이다. 그렇지 않으면 가정처럼 살기 힘든 곳도 없다. 부부의 결합은 융합적 결합(Fusion)이어야 한다. 금슬상화(琴瑟相和)의 화합을 통해 온 가족이 하나가 될 때, 가정은 영원한 행복의 요람지가 된다.

늦더위가 기승을 부려도 얼마 가지 못하고, 늙은이가 지금은 팔팔해도 얼마 가지 못한다. 세월은 유장(悠長)하고 인간은 유한(有限)하다. 시작한 때가 엊그제 같은데 모든 것이 일순으로 흘렀다. 글을 쓰면서 많은 것을 배웠지만, 교만의 예봉(鋭鋒)은 꺾지 못했다. 내 그간 겸손을 배웠더라면, 이런 어설픈 것을 내놓지 않을 것이다.

마음에 들지 않는 글을 읽느라 고생들 많이 했다. 한문 글귀가 많아 읽는데 힘들었을 것이다. 모르는 것은 모르는 대로 읽고, 한 번 더 읽으면 더 알게 된다. 아무리 어려운 글도 백 번을 읽으면 그 뜻이 저절로 나타난다 하였다.(讀書百篇意自現)

한 권의 책을 독파(讀破)하면, 그 성취감은 이루 말할 수 없다. 난공불락(難攻不落)의 성을 공략한 병사들의 기쁨만큼이나 크다.

그간 기쁜 마음으로 글을 썼다. 기쁜 마음으로 글을 쓰면, 체력(體力)은 필력(筆力)이라는 말이 무색할 만큼 힘이 드는 줄을 모른다. 글을 쓰는 시간은 세상의 번뇌에서 해방되는 시간이고, 흔들리는 나를 잡아주는 구원의 시간이기도 하다.

해가 저물면 저녁이 오고, 낙엽이 지면 가을이 시작된다. 세상 만물은 갈 때가 있고, 올 때가 있다. 나도 하얀 민들레가 되어 머리가 하얗다. 언젠가는 엄마품을 떠나 빙글빙글 돌아 어디론가 사라질 것이다. 엄마 품이 제아무리 따뜻해도 다시는 돌아오지 못한다. 영원한 불귀(不歸)의 객(客)이 되어 자연 속에 묻힌다. 이것이 곧 인간이 이 세상과 맺은 인연이요 숙명이다. 인연이 다했다고 생각이 들면 뒤돌아보지 말고 가야 한다.

이 세상에 영원한 것은 없다. 때가 차서 거두고 가니, 여한(餘恨)이 없다. 부귀영화가 천년만년이던가. 권불십년(權不十年)이지 않던가.

자연은 생성과 파괴를 거듭하며 흐른다. 그 속에서 인간도 낳고 죽고를 거듭하며 흐른다. 이 길은 자연의 길이요, 피할 수 없는 길이다. 그런데도 사람들은 조금만 더 살다 가려고 발버둥을 친다. 나도 그런 사람들 중의 한 사람이다. 인간의 슬픔은 체념(諦念)할 줄 모르는 데서 온다. 체념은 곧 행복의 지름길이다.

한 계절도 기운이 다하면 다음 계절로 이어진다. 춘, 하, 추, 동 사시절 공원의 트랙을 돈다. 소승다보(小乘多寶)를 생활의 한 방편으로 삼고 사는지라 지금껏 사는 기쁨을 누리며 산다. 건강의 축복은 아무에게나 오는 것이 아니다. 움직이기가 쉬운 일은 아니지만, 그래도 움직여야 한다.

내가 잘하니 나처럼 잘하라 하여 글을 쓰는 것은 아니다. 모두가 이렇게 살았으면 하는 염원을 썼을 뿐이다. 세상이 날로 부박(浮薄)하여 가니, 힘들지만 이런 글이라도 읽어 힘을 내어 살기 바란다.

다 채우지 못한 요란한 수레지만 열심히 끌었다. 바르게 살려고 애쓰면서 살았으니, 내 이것으로 만족해야겠다. 이것으로 그간에 써오던 글의 대장정(大長程)을 마친다. 삶 속에 흐르는 생명의 소리를 즐거운 행복의 소리로 들으면서, 힘을 내어 살기 바란다.

애독자 여러분! 그간의 격려와 사랑에 감사한다.

| 저자소개 |

정영배(丁永培)

여수시 미평동 선경아파트 308동 901호
Tel. 061-653-8410

약력

전남대학교 영어영문학과 졸
동대학원 졸
전 여수대학교 영어영문학과 교수
미국 브리감영대학교 연구교수
전 한국 영어영문학회 회원
여수대학교 교무처장 역임
학생처장 역임
학생생활지도 연구소장 역임
도서관장 역임
人間時代 학술 및 편집고문
文藝思潮 수필부문 신인상 수상
文藝思潮 문인협회 회원
한국문인협회 회원

번역물

놋활 (The Bronze Bow)
붉은 조랑말 (The Red Pony)

수필집

晩秋閑想
아침이 오는 소리
인생 연가(人生戀歌)
회오(悔悟)의 향기
사랑의 현자(賢者)들
삶 속에 흐르는 행복의 메아리
바르게 산 자들이 누리는 幸福
향기 그윽한 인생 모년(暮年)
한 우공(遇公)이 전하는 세상 사는 이야기
여수지부 45년 사(황원(荒原)에서 피워 올린 아름다운 꽃)
삶 속에 흐르는 생명의 소리

마지막으로 세상에 띄우는 글
삶 속에 흐르는 생명의 소리

인쇄 | 2017년 3월 10일
발행 | 2017년 3월 15일

저자 | 정영배
발행인 | 정병석
발행처 | 전남대학교출판부

등록 | 1981. 5. 21. 제53호
주소 | 61186 광주광역시 북구 용봉로 77
전화 | (062) 530-0571~2
마케팅부 | (062) 530-0573
팩스 | (062) 530-0579
홈페이지 | http://www.cnup.co.kr

값 12,000원

ISBN 978-89-6849-391-1 (03810)

이 도서의 국립중앙도서관 출판예정도서목록(CIP)은
서지정보유통지원시스템 홈페이지(http://seoji.nl.go.kr)와
국가자료공동목록시스템(http://www.nl.go.kr/kolisnet)에서 이용하실 수 있습니다.
(CIP제어번호 : CIP2017006363)

丁永培 에세이集

향기 그윽한 인생 모년